Cinzia Sciuto

Die Fallen des Multikulturalismus

Cinzia Sciuto

Die **Fallen** des **Multikulturalismus**

Laizität und Menschenrechte in einer vielfältigen Gesellschaft

Aus dem Italienischen
von Johannes von Vacano

Rotpunktverlag

Der Rotpunktverlag wird vom Bundesamt für Kultur
mit einem Strukturbeitrag für die Jahre 2016 bis 2020
unterstützt.

Die Originalausgabe ist 2018 unter dem Titel
Non c'è fede che tenga. Manifesto laico contro il multi-culturalismo bei Feltrinelli in Mailand erschienen.

© 2018 Feltrinelli, Mailand

© 2020 Rotpunktverlag, Zürich
(für die deutschsprachige Ausgabe)

www.rotpunktverlag.ch

Lektorat: Christiane Schmidt

Umschlag und Satz: Patrizia Grab

Druck und Bindung: Friedrich Pustet, Regensburg

ISBN 978-3-85869-886-5
1. Auflage 2020

Dieser Titel ist auch als E-Book erhältlich.

Meiner Schwester Serena,
die mir beigebracht hat,
hartnäckig zu sein

Inhalt

»Die Zukunft hängt von uns selbst ab,
und wir sind von keiner historischen
Notwendigkeit abhängig.«
Karl Popper, *Die offene Gesellschaft und ihre Feinde*

Einleitung

Die Prämissen dieses Buchs

Diese Untersuchung geht von der ganz allgemeinen Prämisse aus, dass wir in Europa heutzutage in Gesellschaften leben, die in ethnischer, religiöser und kultureller Hinsicht immer komplexer werden. Diese Situation rührt zum Teil von den Migrationserscheinungen her, die unsere Epoche prägen, zum Teil aber auch vom generellen Verlust eines einheitlichen kulturellen Horizonts innerhalb der jeweiligen politischen Gemeinschaft. Mit anderen Worten, unsere Gesellschaften werden immer inhomogener, was sicher auf neue kulturelle Elemente zurückgeht, die von außen eingegeben werden, was aber auch an zentrifugalen Schüben im Inneren liegt, die flüchtige Gesellschaften ausmachen.[1]

Gegenüber dieser Tatsache lassen sich drei verschiedene Standpunkte einnehmen: Erstens kann man sie per se als einen Unwert betrachten und folglich eine Rückkehr zu möglichst homogenen Gemeinschaften herbeiwünschen (sofern es überhaupt jemals Gemeinschaften einer gewissen Größe gegeben hat, die man wirklich homogen nennen könnte). Das führt unmittelbar – und notwendigerweise – zu einer antidemokratischen, identitären und extrem rechten Politik. Zweitens kann man sie per se als Wert betrachten und sich einer »unsichtbaren Hand« anvertrauen, die dieses Gemenge mit der Zeit schon in Einklang bringen wird (eine fideistische Haltung, die an Aberglauben grenzt). Drittens kann man sie als hochgradig ambivalentes Phänomen betrachten, das keine intrinsische Rationalität aufweist und weder einen eigenen Zweck verfolgt noch per se einen Wert oder Unwert darstellt, als ein soziales und menschliches Phänomen, das

daher mit einer kritischen Haltung und mithilfe einer ent-
schlossenen politischen Vision untersucht, verstanden und
behandelt werden muss. Eine solche kritische Haltung ist
meiner Meinung nach als einzige einer demokratischen und
progressiven Betrachtungsweise angemessen.

Neben diese faktische Prämisse wird eine Wertprämisse
gestellt, eine eindeutige ethisch-politische Ausrichtung. Im
Folgenden wird dargelegt, weshalb unter Voraussetzung der
genannten Fakten und aus der genannten ethisch-politischen Perspektive die vorteilhafteste Haltung eines freiheitlich-demokratischen Staates angesichts dieser Komplexität
eine strikte Laizität ist.

Im Gegensatz zur Aussage Jürgen Habermas', dem zufolge »in komplexen Gesellschaften die Gesamtheit der
Bürger nicht mehr durch einen substanziellen Wertekon-
sens zusammengehalten werden kann, sondern nur noch
durch einen Konsens über das Verfahren legitimer Recht-
setzung und Machtausübung«,[2] muss man meiner Meinung
nach gerade in komplexen Gesellschaften unbedingt einen
Kern gemeinsamer substanzieller Werte identifizieren. Dieser Kern darf ruhig klein sein, wenn er nur stabil ist, und er
muss, wie im Folgenden gezeigt werden soll, die Menschenrechte und Laizität enthalten.

An dieser Stelle muss die ethisch-politische, also normative Betrachtungsweise unterstrichen werden, die dieser
Arbeit zugrunde liegt. Allzu häufig wird nämlich im zeitgenössischen öffentlichen Diskurs der normative Ansatz zugunsten einer Sichtweise vernachlässigt, die als deskriptiv
und soziologisch gilt und vorgibt, neutral zu sein. Der Ver-
zicht auf eine normative Herangehensweise bedeutet jedoch auch, dass man auf die Politik verzichtet und sich
schlichtweg von den Ereignissen mitreißen lässt, als ob die
Geschichte bereits in Stein gemeißelt wäre.

Um diese Gefahr zu verdeutlichen, sei zitiert, was der französische Politikwissenschaftler und renommierte Islamexperte Olivier Roy im Hinblick auf Zwangsehen schreibt – eine Entwicklung, die sich leider auch in Europa wieder zunehmend ausbreitet: »Die Presse spricht ständig von ›Zwangsehen‹, dabei sind die meisten dieser Ehen keinesfalls ›erzwungen‹, sondern ›arrangiert‹, was bedeutet, dass das Mädchen sich dafür entscheidet, mitzuspielen.«[3] Das klingt, als würde das Fehlen physischer Zwänge genügen, um den Zwangscharakter zu eliminieren. Eine Beobachtung der tatsächlichen Dynamiken solcher Eheschließungen – was selbstverständlich unverzichtbar ist, um das Phänomen zu analysieren – ersetzt jedoch keinesfalls die ethisch-politische Einschätzung: Eine Ehe ist »erzwungen« nicht bloß in den seltenen Fällen, in denen physischer Zwang ausgeübt wird, sondern immer dann, wenn der Wille derjenigen, die eine Ehe einzugehen im Begriff sind, nicht beachtet, erstickt, untergeordnet, unterdrückt oder auch nur verfälscht wird. Und im Fall der sogenannten »Kindsbräute« handelt es sich ausnahmslos um Zwangsehen, per definitionem, selbst wenn eine ausdrückliche Zustimmung seitens der Braut vorliegen sollte: Angesichts ihres Alters – fünfzehn, dreizehn, manchmal sogar bloß elf Jahre – kann nicht von einer wirklich freien Entscheidung ausgegangen werden. Es sind zahllose Ursachen denkbar, weshalb ein Mädchen, um es mit Roy zu sagen, »sich dafür entscheidet, mitzuspielen«, was aber das »Spiel« keinesfalls weniger erzwungen macht.

Um die Dinge nicht beim Namen nennen zu müssen, geht Roy dazu über, sie als »komplexe Beziehungen« zu bezeichnen, von denen »manche mit einer gewissen Regelmäßigkeit in Dramen« mündeten.[4] Da Worte die Voraussetzung für das Handeln sind – nur wenn eine Sache benannt ist, kann man sie erkennen und entsprechend agieren –, erfährt unsere

Herangehensweise an das Phänomen eine radikale Veränderung, wenn anstelle von »Zwangsehen« nun von »komplexen Beziehungen« die Rede ist. Im einen Fall sehen wir davon ab, Urteile zu fällen und einzuschreiten, schließlich handelt es sich um »komplexe Beziehungen«, bei denen zahlreiche Variablen bedacht werden müssen und aus denen man sich vielleicht besser heraushält. Im anderen Fall wird jedoch sofort unsere Entrüstung mobilisiert, und wir setzen uns dafür ein, einen Vorgang zu beenden, der einige der grundlegendsten Menschenrechte verletzt, und zwar in der Mehrzahl der so geschlossenen Ehen die von Frauen und Mädchen.

Vielleicht sollte bereits im Voraus auch klargestellt werden, dass im Folgenden die Äußerungen sich auf Europa beziehen. Wenngleich die Prinzipien, auf denen dieses Buch fußt, wie alle Prinzipien einen universellen Anspruch erheben, wurde es vor dem aktuellen europäischen Hintergrund verfasst. Somit ist der Bezugsrahmen zwar eingeschränkt, gleichzeitig aber präzise.

Nicht zuletzt geht diese Arbeit von der Überzeugung aus, dass im politischen Denken der Linken (dem dieses Buch zuzuordnen ist) ein großer Fehler begangen wird, wenn man die außergewöhnliche *strukturelle* Macht gerade jener Elemente unterschätzt, die allzu häufig als untergeordnet, oberflächlich, »überstrukturell« abgetan werden; gemeint ist die Macht, soziale Dynamiken und Beziehungen zu formen. Sämtliche Punkte, die in diesem Buch behandelt werden – Religionen, Kulturen, Laizität, Identität, Menschenrechte –, sind oft von der Linken vernachlässigt worden, wo stattdessen die vorherrschende Tendenz, die Lösungen an immer anderer Stelle suchen zu wollen, zu der Überzeugung geführt hat, dass ausschließlich oder zumindest hauptsächlich wirtschaftliche Mechanismen die sozialen Kräfteverhältnisse und gesellschaftlichen Beziehungen bestimmten.

Die Tatsache, dass in Zeiten einer Wirtschaftskrise, wie wir sie inzwischen schon seit einigen Jahren durchleben und die heute durch die Pandemie weiter verschärft wird, kulturelle und religiöse Elemente wieder großen sinn- und identitätsstiftenden Wert einnehmen, beweist im Gegenteil, dass sie einen enormen Einfluss auf das gesellschaftliche Gefüge haben, der auch wirtschaftliche Verhältnisse und Generationen überwindet. Man ist sogar fast geneigt zu sagen, dass sie viel eher struktureller Natur sind als die Dynamiken, die traditionell in diese Kategorie eingeordnet werden, und es ist zu bezweifeln, dass die aus den kulturellen und religiösen Aspekten erwachsenden Probleme sich in einer harmonischen Welt vollkommener Gleichheit wie von Zauberhand in Wohlgefallen auflösten. Genau das, dachte Engels, werde im Hinblick auf den untergeordneten Status der Frau geschehen: »Die Vorherrschaft des Mannes in der Ehe ist einfache Folge seiner ökonomischen Vorherrschaft und fällt mit dieser von selbst.«[5]

Kurz, immer gibt es Wichtigeres, an anderen Stellen, um das man sich zuerst kümmern muss.

Der Aufbau des Buchs

Das Buch entwickelt fünf Argumentationsstränge, denen jeweils ein Kapitel entspricht. Im ersten Kapitel wird ausgeführt, dass mit dem Begriff Laizität nicht eine ontologische Lesart gemeint ist, sondern eine transzendentale. Laizität wird hier als Zusammenspiel der Voraussetzungen gedacht, die es den unterschiedlichen Varianten von Religion (und, ganz allgemein, unterschiedlicher Weltsichten) ermöglichen, Ausdruck in einer pluralistischen Gesellschaft zu finden, und die zudem die Menschenrechte gewährleisten. Sie sind keinesfalls bloß prozeduraler oder formaler Art, wie man vielleicht zu glauben könnte, sondern von ganz substanzieller Natur (angefangen, beispielsweise, bei der Bildungspolitik). Sie legen die Prinzipien fest, von denen für keinen Gott abgewichen werden darf. Laizität wird hier also nicht als der eine Pol einer Symmetrie verstanden, sondern als vorpolitische Voraussetzung für das zivile Zusammenleben in einer vielfältigen Gesellschaft.

Im zweiten Kapitel wird erläutert, dass es in dieser Schrift nicht um den »Wahrheitsgehalt« der verschiedenen Religionen geht, sondern dass ihr »Handeln in der Welt« reflektiert wird. Religionen werden als soziale und kulturelle Phänomene betrachtet, um zu untersuchen, wie sie den Rest der Gesellschaft beeinflussen und wie sie umgekehrt von ihr beeinflusst werden. Ganz und gar abseits der Stoßrichtung dieser Arbeit liegt die Ermittlung der Botschaft und ihres Wahrheitsgehalts dieser oder jener Religion. Es soll ausschließlich um ihr Handeln im Hier und Jetzt gehen, insbesondere im europäischen Kontext, der, wie erwähnt, den Bezugsrahmen des Buches bildet. In diesem Kapitel wird auch zu erklären versucht, weshalb von den zahlreichen kulturellen Elementen, die zur Komplexität unserer Gesellschaft beitragen (Sprache, Gewohnheiten, Bräuche), Religionen, aufgrund des privilegierten Status, den sie heute genießen, das größte Konfliktpotenzial verheißen. Gleichzeitig soll gezeigt werden, dass das Abdriften in den Fundamentalismus (der sich am liebsten auf die Rechte und Freiheiten der Frauen stürzt) nicht irgendeiner bestimmten Religion eigen ist, sondern Teil einer jeden Glaubensrichtung.

Im dritten Kapitel wird es um das gehen, was man de facto als eine neue europäische Religion betrachten muss, den Islam. Es wird argumentiert, dass es »den Islam« gar nicht gibt, sondern viele Islame, und dass – genauso wie bei jeder anderen Religion auch – man sich aktiv einbringen und anstrengen muss, um die kulturelle Vorherrschaft nicht den Fundamentalisten zu überlassen. Denn zusammen mit den christlichen Fundamentalisten, die wir allzu gut kennen, stellen sie heute in Europa die größte Herausforderung für die Laizität dar. Um dieses Vorhaben auszuführen, muss man die neue europäische Religion in all ihren Ausprägungen untersuchen, frei heraus alles damit Zusammenhängende ansprechen, ohne irgendein Tabu hinzunehmen, und sich kategorisch dem instrumentalisierten Vorwurf der Islamophobie entziehen, der häufig als Totschlagargument verwendet wird, um jede Diskussion im Keim zu ersticken. In der öffentlichen Debatte ist nichts heilig.

Das vierte Kapitel ist ganz der Zergliederung des Konzepts »Identität« gewidmet, das heutzutage in vielen politischen Positionen eine zentrale Rolle spielt. Dabei soll die Existenz einer multiplen Identität angenommen und verteidigt werden, die sich in ihrer Summe dennoch auf jedes einzelne Individuum bezieht. Dieses ist Träger einer einzigen unverwechselbaren Identität, die sich ihrerseits aus zahlreichen Zugehörigkeiten oder, besser, Herkünften zusammensetzt, welche wiederum miteinander verwoben sind, und zwar auf eine je unterschiedliche Weise nicht nur von Individuum zu Individuum, sondern auch in jedem einzelnen Individuum, abhängig davon, in welcher Phase und welchem Bereich seines Lebens es sich gerade befindet. Es handelt sich also um einen Identitätsbegriff, der weder statisch noch monolithisch ist, sondern auf intrinsische Weise widersprüchlich und in beständigem Wandel begriffen und in dessen Kern das einzigartige, unnachahmliche Leben eines jeden Menschen steckt.

Ausgehend von diesem kritischen Identitätsbegriff werden anschließend, im fünften Kapitel, die Konzepte Kommunitarismus und Multikulturalismus kritisch hinterfragt. Es wird die Ansicht vertreten, dass ausschließlich einzelne

Individuen rechtswürdige Subjekte sein können (als Träger seiner diversen Zugehörigkeiten) und keine Gruppen oder Gruppierungen.

Dabei negiert diese Betrachtungsweise keinesfalls, wie stark die Herkünfte bei der Definition der eigenen Identität ins Gewicht fallen, sondern stellt die Prioritäten auf den Kopf: Das Individuum ist der Träger von Identität und Zugehörigkeiten, es sind nicht die Herkünfte, die das Individuum in einem geschlossenem System definieren. In diesem Kapitel wird eine Kritik des Multikulturalismus vorgelegt, die von einem universalistischen und kosmopolitischen Standpunkt ausgeht, und es werden einige Positionen diskutiert, die zwar von einem kosmopolitischen Ansatz ausgehen, dann jedoch in Richtung multikulturalistischer Thesen abbiegen und so ihre eigenen Prämissen negieren.

»In der politischen Entwicklung menschlicher Gemeinwesen sind wir an einem Punkt«, schreibt Seyla Benhabib, »an dem das unitarische Modell der (Staats-)Bürgerschaft, das den Aufenthalt in einem spezifischen Territorium mit der Unterwerfung unter eine gemeinsame, bürokratische Regierung bündelt, die ein Volk repräsentiert, wahrgenommen als ein mehr oder weniger zusammenhängendes Ganzes, an ein Ende kommt.«[6] Eine solche Aussage verleitet viele dazu, den Rechtsstaat infrage zu stellen und damit auch sein Grundprinzip eines einzigen, für alle gleichen Gesetzes zugunsten von Systemen, die stärker vermischt sind, »akkomodationistisch« oder offen pluralistisch, und die mit den Scharia-Tribunalen in Großbritannien bereits in Europa Fuß gefasst haben. Eine solche Betrachtungsweise führt de facto dazu, dass man potenzielle Verletzungen der Menschenrechte innerhalb der unterschiedlichen Gemeinschaften hinnimmt. Genau das wird hier entschieden abgelehnt.

1. Laizität als Voraussetzung der Demokratie

»Die moderne Kultur beruht auf dem Prinzip der Freiheit,
wonach der Mensch nicht zum Werkzeug seiner Artgenossen
herabgewürdigt werden darf, sondern als selbständiges
Lebenszentrum aufgefasst wird.«

Ernesto Rossi, Altiero Spinelli und Eugenio Colorni,
Manifest von Ventotene

Laizisten und Gläubige, ein falscher Gegensatz

Rund um den Begriff der Laizität und seine Derivate tobt ein
terminologischer Kampf, hinter dem sich ein ideologischer
verbirgt. Das Verwenden eines Wortes, den man eine andere,
leicht verschobene Bedeutung verleiht, als das Gegenüber
ihm zuschreibt, ist ein rhetorischer Zug, der genauso verbreitet wie intellektuell unaufrichtig ist. Daher ist es so
wichtig klarzustellen, in welcher Bedeutung das Wort Laizität hier verwendet wird.

Einer der geläufigsten Kniffe, um den Diskurs rund um
diesen Begriff zu diskreditieren, besteht darin, die Laizität
der Religion beziehungsweise der Religiosität gegenüberzu-
stellen und »laizistisch« als Gegenteil von »gläubig« zu
verwenden. So werden künstlich zwei Fronten geschaffen,
die der Glaube voneinander trennt, und die Grundlagen für
eine endlose Folge von Missverständnissen gelegt.

Stellen wir also klar: Der Widersacher des Laizisten ist
nicht der Gläubige, sondern der Fundamentalist[1], und die
Trennlinie zwischen diesen beiden Fronten ist nicht der
Glaube, sondern der Anspruch, dass das bürgerliche Zusammenleben gemäß den Prinzipien des (eigenen) Glau-

bens organisiert sein müsse und dass die Rechte des Einzelnen den Dogmen des (eigenen) Glaubens untergeordnet werden müssten. Anders gesagt, die Zäsur verläuft zwischen denen, die die (eigene) Religion über jedes andere normative System stellen und verlangen, dass sie *erga omnes* als absolutes Recht gelte (oder zumindest *erga omnes* innerhalb der eigenen »Gemeinschaft«[2], was, wie noch zu zeigen sein wird, die Probleme nicht löst, sondern neue schafft), und denen, die hingegen innerhalb der Volksgemeinschaft religiöse Normen den Prinzipien der Verfassung und den Regeln unterordnen, die sich eine demokratische Gesellschaft gibt. Letzteres stellt keinen Widerspruch dazu dar, dass ein laizistischer Gläubiger sein Privatleben persönlich nach den Regeln seiner Religion ausgestaltet und dass diese Regeln in der Rangordnung seiner subjektiven Handlungsmaximen ganz oben stehen. Anders gefasst, für den Fundamentalisten ist, ob er gläubig ist oder nicht, die (eigene) Religion die Grundnorm[3] der bürgerlichen Ordnung, während für den Laizisten, ob er gläubig ist oder nicht, die Grundnorm der bürgerlichen Ordnung einen konstitutionellen Pakt darstellt, der die Rechte und Freiheit aller sichert.

Der laizistische Entwurf, so Marcel Gauchet, »steht den weltlichen Ansprüchen der Kirche frontal feindlich gegenüber, nicht jedoch der Religion an sich. Das Einzige, was [er] von den Gläubigen verlangt, ist, dass sie sich ihre persönliche Hoffnung auf Erlösung für das Jenseits aufheben und sich darauf einlassen, im Diesseits das Gesellschaftsspiel der Autonomie mitzuspielen.«[4] Gauchet bezieht sich hier auf die katholische Kirche, aber was er sagt, gilt natürlich für sämtliche Religionen.

Zu unserem Glück gibt es unter Gläubigen (aller Religionen) viele Laizisten, genauso wie es im Gegenzug zu unserem Leidwesen in der Welt der Nichtgläubigen von Fundamentalisten nur so wimmelt, also von Personen, die zwar nicht gläubig sind, aber nichtsdestoweniger die Meinung vertreten, dass das gesellschaftliche Miteinander und das öffentliche Leben in Übereinstimmung mit dem Moral- und Normensystem einer bestimmten kulturellen und religiösen Weltsicht organisiert sein müsse. Zu dieser letzten Kategorie gehören beispielsweise all jene, die während der Debatten über die europäische Verfassung, unabhängig vom eigenen Glauben, die Meinung vertraten, die »christlichen Wurzeln« müssten in die Grundrechtecharta der Europäischen Union aufgenommen werden. Grundwerte, die in eine Verfassung aufgenommen werden, verfügen über eine gewaltige normative Reichweite. Die christliche Kultur ist mit Sicherheit eine der vielen Wurzeln Europas, aber aus der gesamten Fülle ausgerechnet diesen einen Beitrag auszuwählen, hätte normativen Wert, nicht bloß deskriptiven. Es käme einer Proklamation gleich, dass Europa sich auf christliche Grundwerte berufen *müsse*.

Die Laizität ist also keinesfalls der Feind des Glaubens. Im Gegenteil, in einer komplexen Gesellschaft ist die Laizität der wertvollste Verbündete des Glaubens, besser der Glaubensrichtungen. Auch die Gläubigen, alle, nicht bloß die Anhänger der großen Konfessionen, profitieren von einem sozialen Kontext, in dem die Religion Privatsache ist und der Staat allen, nicht bloß den verbreitetsten, mächtigsten, am besten organisierten und reichsten Glaubensrichtungen, die Freiheit zusichert, den eigenen Glauben zu zelebrieren oder auch gar keinem Glauben anzuhängen, und zwar indem der Staat, allgemeiner gesprochen, jedem, ganz gleich ob gläubig, andersgläubig oder nicht gläubig, Grundrechte gewährleistet – eine Aufgabe, die, wie noch zu zeigen sein wird, den Einflussbereich des Staates nicht einschränkt, sondern eher erweitert.

Die Religion in die Privatsphäre eines und einer jeden zu verlagern bedeutet keinesfalls, dass die kollektive Dimension des Glaubens unmöglich gemacht wird. Vielmehr gehen damit zwei Dinge einher: Erstens dürfen weder eine bestimmte Religion noch Religionen im Allgemeinen den öffentlichen Raum strukturieren, also den Raum, in dem allgemeine und gemeinsame Regeln gelten, was andernfalls einer Diskriminierung von Andersgläubigen und Nichtgläubigen gleichkäme. Zweitens darf keiner Religion – wie auch keiner politischen, philosophischen und spirituellen Haltung – zugebilligt werden, die Grundrechte der einzelnen Mitglieder der politischen Gemeinschaft zu verletzen; gemeint sind damit die einzelnen Bürger, ungeachtet ihres Glaubens, einschließlich der Mitglieder der eigenen »Gemeinschaft«.

Die Aufgabe des laizistischen Staates besteht darin, einerseits den öffentlichen Raum und andererseits die Rechte der und des Einzelnen zu schützen. Diese Auslegung der Laizität erfordert es, dass eine Reihe politischer Maßnahmen ergriffen werden, angefangen bei der Schul- und Kulturpolitik, um diese beiden Ziele zu erreichen. Es geht also für den Staat nicht darum, eine bloß gleichgültige Haltung gegenüber den diversen Konfessionen einzunehmen, genauso wenig darum, eine vermittelnde Schiedsrichterrolle zwischen ihnen zu spielen, sondern vielmehr darum, all jene Voraussetzungen zu garantieren – und es sind nicht wenige –, die es jeder einzelnen Bürgerin und jedem einzelnen Bürger ermöglichen, das eigene Leben und den eigenen Wertehorizont autonom zu gestalten.

Laizität wird hier folglich als eine transzendentale Voraussetzung der Demokratie verstanden, nicht als der eine Pol einer Symmetrie, sondern als vorpolitische Notwendigkeit für das zivile Zusammenleben in einer komplexen Gesellschaft, in der ein Weber'scher »Polytheismus der Werte«

herrscht, ein Hilfsmittel, das »einen konstitutionellen Raum [kennzeichnet], der allen Zusammenleben und Austausch ermöglicht«.[5]

Unbestreitbar muss der oder die Gläubige, wenn er oder sie das Prinzip der Laizität akzeptiert, in einem gewissen Maß die Relativität des eigenen Glaubens anerkennen und auf fast schon kantianische Weise zugestehen, dass der Glaube ein »nur subjektiv zureichend[es ...] Fürwahrhalten«[6] darstellt, aber, im Gegensatz zum Wissen, nicht für alle unwiderlegbar ist. Dieses Zugeständnis ist vollkommen kompatibel mit einem starken Glauben: »Der Ausdruck des Glaubens ist [...] ein Ausdruck der Bescheidenheit in objectiver Absicht, aber doch zugleich der Festigkeit des Zutrauens in subjectiver.«[7] Einen laizistischen Standpunkt einzunehmen bedeutet für eine Gläubige oder einen Gläubigen demnach nicht, den eigenen Glauben in Zweifel ziehen zu müssen, sondern vielmehr das Akzeptieren der Vorstellung, dass er, da er kein objektiv gültiges Fürwahrhalten ist, nicht der Maßstab für das öffentliche Leben sein kann.

Laizität und Säkularisierung, nicht nur im Westen

Ein weiteres Missverständnis, das es auszuräumen gilt, erachtet die Laizität als einen rein westlichen Wert und betreibt den in ihrem Namen ausgefochtenen Kampf als eine Art Fortsetzung des Kolonialismus mit anderen Mitteln. Die Frage nach dem Verhältnis zwischen politischer Macht und Religion, zwischen religiöser Gemeinschaft und politischer Gemeinschaft, also die Frage der Laizität ist, ganz im Gegenteil, keine Prärogative des Westens, sondern so etwas wie ein universaler Topos in der Menschheitsgeschichte. Es handelt sich um eine Fragestellung, mit der sich etwa auch die muslimische Gesellschaft seit dem Tode Mohammeds auseinandergesetzt hat.

In seinem Essay *L'Islam est-il hostile à la laïcité?*[8] erklärt Abdou Filali-Ansary, dass der Ablösungsprozess zwischen politischer Macht und religiöser Sphäre nach der ersten Phase des Kalifats in Gang gekommen ist, als das ottomanische Reich sich ausdehnte und ein gewisser Grad an Bürokratisierung des gesellschaftlichen Lebens notwendig wurde. Dieser Prozess stellte sich als die wesentliche Trennscheide für die nachfolgenden Aufteilungserscheinungen innerhalb der muslimischen Welt heraus, wobei diese Ablösung von dem Bedürfnis ausging, die religiöse Sphäre vor den Vorstößen der politischen Macht zu schützen. Dieser von Filali-Ansary so benannte »mittelalterliche Kompromiss«[9] ermöglichte es nämlich, der Schiedsgewalt der politischen Macht den in der Religion ruhenden Kern von moralischen Regeln zu entziehen. Es handelte sich bei diesem Kompromiss um eine Art Gleichgewicht, das der Zivilgesellschaft einen Grad an Autonomie gegenüber den politischen Autoritäten einräumte, die ihrerseits als legitim anerkannt wurden, solange sie sich nicht an besagtem Kern von Grundprinzipien vergriffen.[10]

Es handelt sich dabei freilich um eine Entwicklung mit Eigenheiten, auf die hier nicht näher eingegangen werden kann. Unabhängig von den spezifischen Formen, die dieser Prozess in der muslimischen Welt angenommen hat (und je nach nationalem Kontext mit großen Unterschieden),[11] muss für unseren Zusammenhang hervorgehoben werden, dass die komplexen Beziehungen zwischen Religion und politischer Macht sich stets im Zentrum der muslimischen Geschichte befanden. Keinesfalls war das bloß dem Abendland und genauso wenig dem Christentum vorbehalten.

Unabhängig davon fand auch in Europa die Säkularisierung zu unterschiedlichen Zeiten und auf unterschiedliche

Weise statt. Besondere Differenzen bestanden zwischen den katholisch geprägten und den protestantischen Staaten. Selbst in dem Land, das heute gleichsam emblematisch für Laizität steht, in Frankreich, hat sich der Prozess, der zur Trennung von Staat und Kirche führte, weder schmerzfrei noch besonders schnell vollzogen. »Ein Jahrhundert hat es gedauert«, schreibt Gauchet, »bevor das Prinzip dieser Trennung und die Werte des demokratischen Individualismus bei den Gläubigen ankommen konnten.«[12]

Auf der Analyseebene muss man allerdings die Säkularisierung, also den historischen Prozess der Trennung von politischer Macht und religiöser Macht – einen Prozess, der wie gesagt mehr oder weniger überall mit unterschiedlichen Ausprägungen je nach soziopolitischem Kontext stattfindet –, von der Laizität als politischem Prinzip abgrenzen. Für Roy sind die Parameter, an denen beide Phänomene gemessen werden können, einerseits die Trennung von Kirche und Staat, woran sich der Grad der Säkularisierung ablesen lässt, und andererseits der Stellenwert, den die Religion in der Gesellschaft innehat, was das Maß an Laizität verdeutlicht.[13]

Akzeptiert man diese Unterscheidung, kann man sich ohne weiteres einen Staat vorstellen, der säkularisiert ist, aber nicht zur Gänze laizistisch. Als Beispiel sei auf die Vereinigten Staaten von Amerika verwiesen, ein vollkommen säkularisiertes, jedoch kaum laizistisches Land, in dem das öffentliche Leben reichlich von Religion durchsetzt ist, obwohl die Macht nicht bei religiösen Institutionen liegt. Allerdings gibt es Beispiele dieser Art in Hülle und Fülle und man kann mit Fug und Recht behaupten, dass so gut wie alle europäischen Länder säkularisiert sind, auch wenn nur wenige, wenn überhaupt welche, sich vollendet laizistisch nennen dürfen.

Vor diesem Hintergrund scheint auch Gauchets These vom »Austritt der Welt aus der Religion« nicht uneingeschränkt nachvollziehbar. Der Autor von *Le désenchantement du monde*[14] liest die Geschichte des Verhältnisses von Staat und Kirche unter den Vorzeichen eines säkularen Aufeinandertreffens der »Partei der Autonomie« und der »Partei der Heteronomie«. Er vertritt dabei die Meinung, dass erstere, mit anderen Worten die Demokratie, metaphysisch betrachtet gewonnen habe, während ihre Gegenspielerin, verkörpert im Versuch der Religionen, das politische und gesellschaftliche Leben der gesamten Gemeinschaft zu strukturieren, im Grunde gescheitert sei. Die Folge dieses vermeintlichen Triumphs der Demokratie bestehe jedoch im Sinnverlust der Demokratie. Sei der »Feind« erst einmal beseitigt, verliere der laizistische Staat seine Autorität. Ihm fehle ein »metaphysischer« Entwurf, eine »umfassende Sinndoktrin«, die er der Partei der Heteronomie entgegensetzen könne. Gauchet beschreibt diese Phase als den »letzten theologisch-politischen Umschwung der Moderne«.[15] Von diesem Standpunkt aus betrachtet, hätte die berüchtigte und immer wieder heraufbeschworene »Rückkehr der Religionen«[16] laut Gauchet rein gar nichts mit ihrer Fähigkeit zu tun, die politische Struktur zu formen, sondern wäre vielmehr eine Folge des Austritts der Welt aus der Religion. Dieser Zustand bewirke nämlich, dass die Religionen sich »privatisierten« und als »Quellen eines Sinns und umfassender Doktrinen« eine neue Existenzberechtigung fänden.[17]

Anders gesagt, Gauchet vertritt die Meinung, »die politische Geschichte der Religionen« sei am Ende,[18] was freilich weder bedeute, dass sie keinen Einfluss mehr auf die Gesellschaft hätten, noch dass das Religiöse verschwunden oder im Verschwinden begriffen sei, sondern nur, dass es keine strukturierende Funktion für Politik und Gesellschaft habe. Dass die Religion »privatisiert« worden sei, impliziert für Gauchet keinesfalls, dass sie zu einer ganz und gar persönlichen Angelegenheit werde, die sich nur noch zwischen den eigenen vier Wänden abspielen darf: »Die Aussage, dass die religiösen Überzeugungen unwiederbringlich auf die Seite des Privaten gewandert sind, erfasst bloß die grundlegende Tatsache, dass sie ihre Stellung als öffentliches Gesetz verloren haben. [...] Mit dieser Privatisierung geht keine Isolierung des Glaubens in ein Intimes einher, in dem [die Religionen] verbleiben müssten. Die Privatsphäre ist nicht deckungsgleich mit dem Intimen.«[19]

Gauchets These erfasst zweifelsohne einen wesentlichen Punkt: Die Säkularisierung hat die Religionen »gezwungen«, sich aus dem politischen Leben zurückzuziehen und eine Rolle als »Sinnreservoir« im Privatleben der Gläubigen einzunehmen. Seine Interpretation ist jedoch auf die historische Beziehung zwischen dem Staat und den christlichen Kirchen, insbesondere der katholischen, zugeschnitten. Heutzutage sehen wir uns mit anderen Subjekten konfrontiert, die das verkörpern, was Gauchet die »Partei der Heteronomie« nennt – von den protestantischen Fundamentalisten über die katholischen bis hin zu den islamischen –, und die für den laizistischen Staat eine ganz neue Herausforderung darstellen.

Diese Herausforderung muss angenommen werden, sonst hat man bereits verloren. Sofern man sich nicht einer deterministischen und finalistischen Geschichtsvision verschrieben hat, muss man einerseits zuerkennen, dass dieser Prozess des »Austritts aus der Religion« von der Kirche akzeptiert oder, vielleicht besser, erlitten worden ist, und das auch nur mit Gewalt und dank eines unablässigen Streitens für Laizität und Säkularisierung. Andererseits muss aber auch gesehen werden, dass diese Schlacht nicht ein für alle Mal geschlagen ist und dass die Religionen – heute auch in ihren fragmentierten und fundamentalistischen Spielarten – sich kontinuierlich bemühen, das verlorene Terrain zurückzuerobern. Es scheint daher etwas vorschnell, mit Gauchet zu konstatieren, »dass die religiösen Überzeugungen *unwiederbringlich* auf die Seite des Privaten gewandert«[20] seien.

Unabhängig davon räumt der Autor selbst ein, die Fundamentalisten zielten darauf ab, jene Ordnung wiederherzustellen, in der die Religion den öffentlichen Raum strukturiere, was jedoch nicht heiße, »dass ihr Handeln in der Realität den gewünschten Effekt erzielt«.[21] Angenommen, das stimmte, was in jedem Fall erst einmal zu beweisen wäre, müsste man sich zunächst grundsätzlich fragen: Wieso nicht?, und als Nächstes: Wie lange noch?

Anders gefasst, der Austritt der Welt aus der Religion ist – um weiterhin mit Gauchet zu sprechen – kein notwendiges Produkt der Geschichte, sondern das Ergebnis einer Dialektik zwischen entgegengesetzten Kräften. Obwohl also das Bild vom Austritt aus der Religion eine große beschreibende und erklärende Kraft entfalten mag, ist es womöglich auf einer normativen und die Praxis betreffenden Ebene kaum sprechend. Es gibt keine Religion, die ihrem Wesen nach der Laizität mehr oder weniger zu- oder abgeneigt wäre. Alle Religionen sind Entwürfe der Heteronomie, die einen Sieg der Autonomie, falls überhaupt, nur widerwillig akzeptieren. Die Laizität ist folglich also ein Autonomieentwurf, der sich gegen den Willen aller Heteronomieentwürfe durchgesetzt hat, von denen Religionen wiederum nur die Spitze darstellen. Davon auszugehen, dass es sich dabei um eine mittlerweile selbstverständliche Errungenschaft handelt, wäre jedoch ein schwerwiegender Irrtum.

»Die Tatsache, dass der Staat ein laizistischer ist, das ist heutzutage in Frankreich ebenso wie in der Türkei längst eine ausgemachte Sache«, schrieb Roy 2005,[22] und heute kann jeder mitansehen, wie die Türkei immer weiter abdriftet. Gauchet vertritt in Hinblick auf die Rolle der Religion in Polen die Meinung, dass »die massive Bestätigung einer katholischen Identität seitens eines Großteils der Bevölkerung (mehr als 90 Prozent) *in keiner Weise* mit einem tatsächlichen Wiedererstarken der Kirche einhergeht, wenn es etwa darum geht, die eigene Sexualmoral durchzusetzen«.[23] Diese Haltung wurde auf traurige Weise von den heftigen Angriffen auf die Frauenrechte, insbesondere den Schwangerschaftsabbruch, widerlegt, die die katholische Kirche dort seit einigen Jahren betreibt (darauf wird noch zurückzukommen sein). Der Grund für solche eklatanten Fehleinschätzungen liegt darin, dass selbst extrem scharfsichtige und aufschlussreiche Untersuchungen früherer Ereignisse die Kategorie des menschlichen Handelns außer Acht lassen, mit unvorhersehbaren Konsequenzen. Es ist eine Sache, zu rekonstruieren, welche gesellschaftlichen Dynamiken eine bestimmte Situation herbeigeführt haben, eine ganze andere jedoch, davon auszugehen, dass die Dinge gar nicht anders hätten laufen können und der Weg nunmehr vorgezeichnet sei.

Was geschieht, ist nämlich nichts anderes als bloß einer von zahllosen möglichen Entwürfen dessen, was hätte geschehen können. Sicher, sobald etwas einmal geschehen ist, steht fest, dass es in gewisser Hinsicht nicht hätte nicht geschehen können, aber eine Analyse der Vergangenheit auf die Handlung der Gegenwart zu projizieren, ist eigentlich nicht hilfreich, da wir nicht wissen können, welches Element im Hier und Jetzt den Wandel in die eine oder andere Richtung auslösen wird. Eine geringfügige und unvorhersehbare Fluktuation war ausreichend, um in der Leere den Urknall auszulösen.[24] Keiner von uns kann sich sicher sein, dass nicht ausgerechnet unser Handeln diese minimale Fluktuation darstellt, die den Lauf der Dinge verändern wird. Dabei macht gerade diese Unwägbarkeit der Geschichte es unabdingbar, Stellung zu beziehen und zu handeln.

Letztlich ist es auch gar nicht wahr – womit wir bei einem weiteren Mythos wären, den es zu entzaubern gilt –, dass der laizistische Staat keinen »ethisch-politischen« Gehalt hätte oder, um erneut Gauchets Worte zu bemühen, keinen »metaphysischen« Entwurf, keine »umfassende Sinndoktrin«, die überdies reich an relevanten praktischen Konsequenzen ist. Der Schutz der Autonomie und der Rechte aller und jedes Einzelnen stellt eine ganze Bandbreite an Konsequenzen dar und auch an Sinnstiftung. »Es ist nicht wahr«, schreibt Henri Peña-Ruiz, »dass Laizität das Synonym einer entzauberten Welt darstellt, in der es an ethischen Beziehungen und Referenzen mangelt. Das laizistische Ideal vereint die Menschen über das, was sie aufhebt und dabei befreit: Herrscher über die eigenen Gedanken zu werden, um auch, soweit möglich, über das eigene Handeln zu herrschen.«[25]

Die entzauberte Welt, die feststellt, dass jenseits des schmalen Horizonts unseres Lebens nichts weiter existiert, ist dieselbe Welt, die den Sinn auf die Menschlichkeit des Menschseins zurückführt. Ist das (öffentliche) Feld endlich von der belastenden Anwesenheit Gottes bereinigt, wird der Mensch zum Herrn der Welt, jedes einzelne menschliche Wesen in seiner Universalität. Unter diesen Vorzeichen nimmt der laizistische Staat wieder eine grundlegende Rolle bei der Verbreitung dieses neuen ethisch-politischen Horizonts ein, der gleichzeitig endlich und universal ist.

Im Gegensatz zu Gauchets Meinung – der zufolge »die Laizität sich nicht mehr die Themen der menschlichen Emanzipation auf die Fahne schreiben kann, die über so lange Zeit ihren Reiz ausgemacht haben. Sie kann sich, zusammengefasst, nicht mehr als Selbstzweck präsentieren«[26] – kann der laizistische Staat gerade in einem Kontext, in dem die Konfrontation mit der weltlichen Macht der Kirche wegfällt und der von den unterschiedlichsten religiösen Subjekten bevölkert ist, endlich seine ethisch-politische Vorherrschaft ausüben. Das liegt daran, dass er nicht mehr bloß den einen Pol einer Symmetrie darstellt – wie er es, zumindest in den katholisch geprägten Ländern, über die ganze Geschichte der Säkularisierung hinweg war –, sondern sich als Garant der Gewissensfreiheit und, allgemeiner noch, der Menschenrechte jedes einzelnen Bürgers etabliert. Seine Rolle verändert sich folglich, aber sie verschwindet nicht. Im Gegenteil, sie wird immer wichtiger, da, wie noch zu zeigen sein wird, eine ganze Reihe von alles andere als bloß formalen Pflichten und Verpflichtungen implizit damit einhergeht, jedem einzelnen Bürger die volle Autonomie und Freiheit zu garantieren.

Konfessionalismus oder Laizität – tertium non datur

Je komplexer eine Gesellschaft wird, desto größer wird auch die Notwendigkeit – will man unverrückbar an den Menschenrechten festhalten –, eine rigorose Laizität gegenüber jedweder Glaubensrichtung und spirituellen Option durchzusetzen. Solange in einer Gesellschaft im Wesentlichen nur eine einzige Weltsicht herrscht, kann die Vermengung von öffentlicher Sphäre und Religion verkraftet werden, ohne besondere gesellschaftliche Spannungen hervorzurufen. In dem Maße jedoch, wie eine Gesellschaft anfängt, komplex zu werden, Minderheitenreligionen zunehmend Fuß fassen und handfeste Minderheiten bilden, werden diese beginnen – das ist ebenso zu erwarten wie nachvollziehbar –, eine gleichberechtigte Behandlung gegenüber der Konfession einzufordern, die bislang in einem gegebenen sozialen Kontext die Mehrheit vertrat.

Das Modell von Laizität, das sich in Beziehung und Abgrenzung zur katholischen Kirche in vielen europäischen Ländern entwickelte, hat sich in Gestalt eines Konkordats[27] etabliert, das jedoch nicht länger für eine Situation geeignet ist, in der die religiösen Subjekte sich differenzieren und häufig Strukturen vorweisen, die sich grundsätzlich von jenen der katholischen Kirche unterscheiden. Das System der Verträge mit Religionsgemeinschaften – als Ausweitung des ursprünglichen Konkordats auf andere Konfessionen – ist ein Flicken, der das Loch der religiös zunehmend fragmentierten Gesellschaften nicht länger stopfen kann. Ein Beispiel dafür ist der lange Prozess der UAAR (Unione degli atei e degli agnostici razionalisti, Union der rationalistischen Atheisten und Agnostiker), die bereits 1996 einen eigenen Vertrag mit dem italienischen Staat beantragt und sich dabei auf das Prinzip der Nichtdiskriminierung, der Gleichheit der Bürger, berufen hat. Nachdem der Antrag abgelehnt wurde und auch der Verfassungsgerichtshof die Entscheidung als legitim bestätigte, hat die UAAR beim Europäischen Gerichtshof für Menschenrechte Berufung eingelegt.

Angesichts der Vielfalt an Weltsichten, die heute nebeneinanderstehen und miteinander konkurrieren, bleibt einer Gesellschaft, die an einer demokratischen Ordnung festhalten will, keine andere Wahl als eine rigorose Laizität. Nehmen wir das Beispiel des Religionsunterrichts an öffentlichen Schulen. Es ist mehr als einleuchtend, dass in einer Gesellschaft, die in religiöser Hinsicht relativ homogen ist, der konfessionelle Unterricht[28] der mehrheitlich vertrete-

nen Religion keine nennenswerten Spannungen hervorruft –
obwohl Religionsunterricht natürlich mit der Rolle der öffentlichen Schule inkompatibel ist und schon aus Prinzip
abgelehnt werden müsste.[29] Mit zunehmender Komplexität
der Gesellschaft und zunehmender Verbreitung von Minderheitenreligionen, die sich dadurch als handfeste Minderheiten etablieren, ist es nur folgerichtig, dass auch sie einen
Platz in der öffentlichen Schule einfordern.

Es liegt auf der Hand, dass es keine ausreichend belast-
baren Argumente gegen die Einführung von Religionsunterricht anderer Konfessionen an Schulen gibt, solange konfessioneller Unterricht in irgendeiner Form in der öffentlichen
Schule vorgesehen ist. Vielmehr würde eine dahingehende
Verweigerung einen deutlichen und untragbaren Verstoß
gegen das Prinzip des Diskriminierungsverbots[30] darstellen
(was in der Alltagsrealität auch heute bereits so ist).

Eine Situation dieser Art kann innerhalb des aktuellen
Paradigmas nicht aufgelöst werden. Will man nicht Parameter wie die Bedeutung und die Macht einer bestimmten
Gemeinschaft anlegen, um zu entscheiden, welche Religion
in einer öffentlichen Schule unterrichtet werden darf und
welche nicht – was offensichtlich unter der Würde einer
demokratischen und liberalen Gesellschaft wäre, auch
wenn genau das de facto geschieht –, müsste man unweigerlich in Kauf nehmen, dass die unterschiedlichsten Religionen in den Schulen unterrichtet werden, weil das Recht
jeder einzelnen Schülerin und jedes einzelnen Schülers,
ob Katholik, Muslim, Hindu, Atheist, Pastafari[31] oder sogar
Satanist[32], genauso viel gilt und gelten muss wie das aller
anderen.

Kurz gesagt, entweder oder, entweder ist man ein kon-
fessionsgebundenes Land, das jedes Recht hat, eine Staatsreligion[33] an öffentlichen Schulen vorzuschreiben, oder

man ist ein laizistisches Land, das aus dem gebotenen Respekt – nicht den Religionsgemeinschaften gegenüber, sondern vor jeder einzelnen Bürgerin und jedem einzelnen Bürger – die Religion, das heißt jede Religion, von der öffentlichen Schule fernhält. Tertium non datur.

Laizität als Selbstbestimmung

Betrachtet man Laizität in diesem Sinne, ist sie eine mentale Haltung, die jedwedes Autoritätsprinzip ablehnt, nicht bloß das des Religiösen. Laizistisch sein heißt, keine Form von Tradition ins Feld zu führen – ob religiös oder nicht ist für Laizisten vollkommen irrelevant –, um damit die Einschränkung, wenn nicht sogar die Verletzung der Autonomie und Freiheit irgendeines Menschen zu rechtfertigen. Für Laizisten steht jede einzelne Person im Mittelpunkt, jede eine individuelle Trägerin der Menschlichkeit, die »niemals bloß als Mittel« verwendet werden kann, sondern »jederzeit zugleich als Zweck an sich selbst«,[34] unter Wahrung ihrer vollen Autonomie.

Laizität ist demnach die Fortsetzung der Aufklärung, wie sie Immanuel Kant in seiner »Beantwortung der Frage: Was ist Aufklärung?« vorausgesagt hat: »Aufklärung ist der Ausgang des Menschen aus seiner selbst verschuldeten Unmündigkeit. Unmündigkeit ist das Unvermögen, sich seines Verstandes ohne Leitung eines anderen zu bedienen. Selbstverschuldet ist diese Unmündigkeit, wenn die Ursache derselben nicht am Mangel des Verstandes, sondern der Entschließung und des Muthes liegt, sich seiner ohne Leitung eines andern zu bedienen. *Sapere aude*! Habe Muth dich deines eigenen Verstandes zu bedienen! Ist also der Wahlspruch der Aufklärung.«[35]

Laizisten, ob gläubig oder nicht, erkennen das Autoritätsprinzip im Leben auf dieser Erde nicht an, sondern streben auf den Spuren Kants beständig danach, aus der Unmündigkeit auszutreten, in der sie sich wiederfinden, und auf eigenen Beinen zu stehen. Dieses große aufklärerische Streben hat viele Fortschritte gemacht, seit der Vater der kritischen Philosophie es formulierte, und stand auch 1944 noch im Mittelpunkt der großen Hoffnungen, die die Autoren des *Manifests von Ventotene* zum Ausdruck brachten, als sie darin schrieben:»Gegen den autoritären Dogmatismus hat sich der Wert des kritischen Verstandes als fortwährend erkannt. Jede Behauptung musste vernunftgemäß erscheinen oder aber verschwinden. Der Methodik dieser unbefangenen Geisteshaltung verdankt unsere Gesellschaft die wichtigsten Errungenschaften auf jedem Gebiet.«[36] Die Ablehnung des Autoritätsprinzips, sei es religiöser oder anderer Natur, ist eine der Voraussetzungen für Gleichheit. Es ist vollkommen irrelevant, was die Grundlage oder die Rechtfertigung einer Meinung, einer Tradition oder eines Brauchs sein mag; was für Laizisten zählt, ist die Kompatibilität mit der Demokratie, mit der Freiheit jedes einzelnen Menschen, mit den Menschenrechten. Keine Meinung, nicht einmal eine religiöse Überzeugung, darf sich diesem kritischen Prüfstein entziehen.

In diesem Sinne hat der Staat eine enorme Verantwortung, und eine bloß indifferente Haltung gegenüber den verschiedenen Religionen ist nicht ausreichend. Der Philosoph Charles-Bernard Renouvier schrieb im 19. Jahrhundert: »Die Überlegenheit des Staates ist notwendig, seine Verantwortung, gemessen an der der Kirche oder einer Gemeinschaft, ist universaler Natur. [...] Obwohl es ihm nicht zusteht, diese Doktrinen unter dem Gesichtspunkte der religiösen oder wissenschaftlichen Wahrheit zu beurteilen, beurteilt er sie unter dem Gesichtspunkt der Moral.«[37] Und der Achtung der freiheitlichen Grundrechte, möchte man hinzufügen.

Dieser Entwurf von Laizität hat folglich einen recht hohen ethischen, normativen Gehalt. Er ist zwar auf das Wesentliche beschränkt, dafür jedoch entscheidend, und er zieht den Rahmen, innerhalb dessen die Subjekte der Zivilgesellschaft sich frei bewegen können – und die Religionen mit ihnen. Dass man dabei die Empfindlichkeiten des einen oder der anderen stört und dass die eine oder andere Praktik dieser oder jener Religion sich nicht in diesen Rahmen einfügen lässt, ist nachvollziehbar. Das ist jedoch kein ausreichender Grund, um von der Laizität abzulassen. Der Rahmen muss mit fester Hand gezogen werden; es ist Aufgabe der jeweiligen Subjekte, sich ihm anzupassen, nicht andersherum.

Der laizistische Staat nimmt also die Rolle des Garanten für die Autonomie der einzelnen Bürger ein. Achtung, nicht die des Schiedsrichters zwischen den Glaubensrichtungen, zwischen den »Gemeinschaften«! Das Subjekt der Rechte – das wird im fünften Kapitel näher zu beleuchten sein – ist jedes einzelne Individuum, das sich in der Ausübung seiner Rechte unmittelbar zum Staat in Beziehung setzt, ohne Mittelspersonen. Wie gesagt ist das nicht gleichbedeutend mit dem Ende der kollektiven Dimension der Religion. Es bedeutet einzig und allein, dass diese kollektive Dimension gänzlich in die private Ausübung des Glaubens seitens seiner Anhänger fällt und keine öffentliche Relevanz hat. Die Religion als solche fordert, anders gesagt, weder Anerkennung noch Rechte ein und genauso wenig die Strukturierung des öffentlichen Raums.

Dem laizistischen Staat kommt daher die Aufgabe zu, seine individuellen Bürgerinnen und Bürger mit dem kulturellen, wirtschaftlichen und sozialen Handwerkszeug auszustatten, um aus ihrer Unmündigkeit auszutreten. Das wiederum ist nur im Kontext strikter Laizität möglich, angefangen beim Schulsystem. Einzig dieser Rahmen ermöglicht es nämlich den Individuen, wenn sie es möchten, sich von ihrer Tradition zu emanzipieren, von ihrer Gemeinschaft, die kleinste Form eingeschlossen, die Familie.

Aus allen genannten Gründen, aufgrund all dieser substanziellen und normativen Gehalte des Konzepts ist die Laizität nicht einfach die Trennung von Kirche und Staat, sie ist genauso wenig die Sakralisierung des Staates. Aus der Geschichte sind Fälle bekannt, in denen eine strikte Trennung von Kirche und Staat herrschte, die man aber nicht im Geringsten als laizistisch bezeichnen kann, zumindest nicht nach dem Verständnis, das hier skizziert wird. Demnach ist Laizität nämlich ein anderes Wort für Gleichheit und insofern nicht mit einem autoritären Staat vereinbar. Laizität ist ein in höchstem Maße demokratisches Prinzip. Es handelt sich – um noch einmal Kant zu bemühen – um eine Möglichkeitsbedingung einer politischen Gemeinschaft, die auf den Prinzipien von Gleichheit und Freiheit gründet, also auf der Allgemeingültigkeit des Gesetzes.[38]

Dieses Merkmal unterscheidet sie von der bloßen Toleranz, die gerade nicht von einer vorherrschenden Gleichheit zwischen den Bürgern ausgeht, und es unterstreicht, dass die bisher gewagten Laizitätsentwürfe, einschließlich des französischen, nicht weit genug gehen, um die genannten Anforderungen zu erfüllen. Wie gezeigt hat sich die Laizität bisher eigentlich nur als bloße Trennung von politischer und religiöser Macht manifestiert, beherrscht vom Prinzip des »Dem Kaiser geben, was des Kaisers ist, und Gott geben, was Gottes ist«. Das Problem wurde als eine reine Frage der Macht betrachtet. Um das zu lösen, reichte eine Trennung der Einflussbereiche. In diesem Buch wird die Frage jedoch unter ethisch-politischen Gesichtspunkten aufgeworfen: Dem »Kaiser« genügt es nicht mehr, dass »Gott« in seinem eigenen Einflussbereich bleibt. Der »Kaiser« muss auch dafür sorgen, dass »Gott« nicht gegen die Grundgesetze des demokratischen Staates verstößt.

Unmetaphorisch gesprochen: Es genügt nicht mehr, dass Staat und Kirche getrennt sind, sondern es ist der Moment gekommen, da der laizistische Staat die Verantwortung übernimmt und genau hinterfragt, was im Inneren religiöser Gemeinschaften passiert, um die Rechte der einzelnen Bürgerinnen und Bürger zu gewährleisten.

2. Religion als gesellschaftliches und kulturelles Phänomen

>»… dass wir vielleicht einmal die Mitschöpfer unseres Geschickes werden können, wenn wir es erst aufgegeben haben, als seine Propheten zu posieren.«
>
> Karl Popper, *Die offene Gesellschaft und ihre Feinde*

Gegen den Essenzialismus

Nach jedem Attentat islamischer Prägung wird eine Komödie mit vorgefertigtem Drehbuch aufgeführt, in der ungehobelte Rassisten den Islam beschuldigen, eine intrinsisch gewalttätige Religion zu sein, während die Verteidiger vom Dienst, Muslime und Nichtmuslime, ermattet hervorheben, dass »die Gewalt nichts mit dem Islam zu tun hat«. Wir erlauben uns, einen großen Bogen um diese ausgelutschte Debatte zu machen: Was der Islam wirklich besagt, worin die Essenz des Islams besteht, das sind Fragen, die vielleicht für Theologen ein gewisses Interesse bergen, für Religionshistoriker und mit einiger Sicherheit für die Gläubigen als Individuen, aber aus laizistischer Sicht sind sie vollkommen irrelevant.

Das ist ein wenig so, als würde man angesichts des bestürzenden Phänomens der Pädophilie im katholischen Klerus[1] auf der einen Seite »katholische Bastarde«[2] brüllen, während man auf der anderen Seite einwendet, dass die Lehren Jesu mit Gewalt an Kindern nichts zu schaffen hätten. Die eine wie die andere Position führt zu ein und demselben Resultat, zu untätiger Erstarrung.

Aus laizistischer Sicht ist es interessant zu betrachten,

ob und, wenn ja, wie die katholische Führung auf das Phänomen reagiert, welche Maßnahmen sie ergreift, inwiefern und wieweit sie mit der weltlichen Justiz zusammenarbeitet. Außerdem wäre es besonders interessant zu untersuchen, wie Priester in den Seminaren ausgebildet werden, ob irgendetwas den Ausgangspunkt für die spätere Manifestation des Phänomens darstellen könnte.[3] Aus einer laizistischen Haltung heraus ist es von entscheidendem Interesse zu erfahren, was sich *innerhalb* der Kirche abspielt, allerdings nicht, um zu klären, ob man sich ausreichend an die »Glaubensgrundpfeiler« hält, an die »wahre Bedeutung«, gleichsam an die Quintessenz der Lehren Christi, sondern ganz prosaisch, um sicherzustellen, dass alles mit den Grundprinzipien des bürgerlichen Zusammenlebens vereinbar ist.

Alle Religionen haben im Laufe der Geschichte zur Genüge unter Beweis gestellt, dass sie durchaus in der Lage sind, sich der Liebe, dem Frieden und der Nächstenliebe zu verschreiben, genauso allerdings dem Hass, der Gewalt und dem Rassismus.[4] Aus diesem Grund kann der goldene Mittelweg nicht darin liegen, eine möglichst demokratische, freiheitliche, solidarische, offene und pazifistische Auslegung der »heiligen Schriften« zu erreichen. Versuche dieser Art greifen aus einem einfachen Grund zu kurz. Es handelt sich eben bloß um Interpretationen, die also genauso erlaubt sind wie die fundamentalistischen. Im Gegenteil kann es sogar sein, dass die fundamentalistischen, da sie sich in der Regel stärker an das Wort der heiligen Texte halten, am Ende auf den ersten Blick plausibler erscheinen.

Wie Sam Harris bemerkt, sind »die Moderaten aller Glaubensrichtungen darum bemüht, die gefährlichsten und absurdesten Anteile ihrer heiligen Schriften umzudeuten oder komplett zu ignorieren – und gerade diese Bemühun-

gen machen sie zu Moderaten. Allerdings erfordert diese
Bemühung auch ein gewisses Maß an intellektueller Unauf-
richtigkeit, da die Moderaten nicht in der Lage sind, zuzu-
geben, dass ihr ›Moderatsein‹ seinen Ursprung außerhalb
des Glaubens hat. Die Türen, die aus dem Kerker skriptura-
ler Buchstäblichkeit hinausführen, lassen sich schlichtweg
nicht von innen öffnen. [...] Fundamentalistische Auslegungen sind quasi per Definition umfassender und kohärenter –
und daher auch aufrichtiger.«[5] Dasselbe kann man natürlich
über jeden heiligen Text sagen, angefangen bei der Bibel.
Zum Begriff des »Moderaten« merkt der ehemalige Islamist
und heutige Aktivist gegen die fundamentalistische Radikalisierung Maajid Nawaz im Dialog mit Harris an: »Seit dem
Islamischen Staat erscheint selbst al-Qaida als ›moderate‹
Strömung. Der Terminus ist dermaßen relativ – gegen zunehmend schlimme Gewalttaten aufgerechnet –, dass er
inzwischen bedeutungslos geworden ist. Er sagt nichts aus
über die Wertvorstellungen einer Person.«[6]

Die verschiedenen Versuche einer freiheitlichen, modernen und offenen Auslegung der heiligen Schriften einer beliebigen Religion sind darüber hinaus schon aus Prinzip
diskutabel. Einerseits ist es natürlich wichtig, dass Theologen und Gläubige sich bemühen, ihren Glauben mit den
Prinzipien des demokratischen Zusammenlebens in Einklang zu bringen, weil dadurch vielfältige Auslegungen der
Schriften entstehen und alternative Lesarten verbreitet
werden, was wiederum den Pluralismus befördert. Andererseits jedoch ist dieses Bemühen gleichbedeutend mit dem
Versuch, die Menschenrechte auf einer externen Autorität
zu begründen. Müssen wir denn wissen, ob die Menschenrechte mit der Bibel oder dem Koran vereinbar sind, um sie
verteidigen zu können? Und was ist, wenn sich herausstel-
len sollte, dass sie es nicht sind? Die Grundlage für die

Rechte in einer Religion suchen hieße zu der Vorstellung zurückzukehren, dass es sich dabei um Zugeständnisse handelte, egal ob seitens eines Herrschers, irgendeines Gottes oder seiner Propheten. Vielmehr ist es unerlässlich festzuhalten, dass diese Rechte selbstbegründet sind und verteidigt werden müssen, nicht weil diese oder jene Glaubensrichtung uns das vorschreibt, sondern aus sich selbst heraus. Sollten die Gläubigen darüber hinaus in ihrer jeweiligen Religion *zusätzliche* Gründe finden, um die Menschenrechte zu achten, umso besser. Wenn jedoch – und das ist der Knackpunkt – eine bestimmte Auslegung eines bestimmten Glaubens mit den Grundrechten aller Menschen in Widerspruch steht, muss diese Auslegung infrage gestellt werden, keinesfalls die Menschenrechte.

Alle Versuche, den »wahren« theologischen Gehalt einer Glaubensrichtung auszumachen, sind einer essenzialistischen Sichtweise eingeschrieben, sowohl im Allgemeinen auf gesellschaftliche Phänomene bezogen als auch im engeren Sinne auf religiöse. Dieser Betrachtungsweise zufolge gibt es nämlich eine reine Essenz der Botschaft einer bestimmten Religion, eine »wahre Botschaft«, die im Laufe der Geschichte verloren gegangen sei und wiederentdeckt werden müsse.

Wie Karl Popper vorgeführt hat,[7] hängt der Essenzialismus aufs Engste mit einer finalistischen und deterministischen Sichtweise der Geschichte zusammen, die genau betrachtet nichts anderes tut, als uns von der Last und der Verantwortung zu befreien, das eigene Schicksal zu schreiben.

An dieser Stelle geht es stattdessen, in strikter Abgrenzung zu jedweder essenzialistischen Betrachtungsweise, um die Religionen, wie sie sich hier und heute darstellen, wie sie aktuell in der Welt wirken. Außerdem sind es immer die Personen aus Fleisch und Blut, die handeln. Sie tragen die Verantwortung für ihre Entscheidungen und Taten. Man sollte »nicht das Wesen der Lehre unter die Lupe nehmen, sondern das Verhalten derer, die sich im Laufe der Geschichte auf sie berufen haben«.[8]

Religionen im Diesseits

Das Interesse hier richtet sich also nicht auf den religiösen Aspekt der diversen Konfessionen, sondern auf deren öffentliche Rolle, ihre gesellschaftlichen und politischen Auswirkungen, ihre Verwendung durch jene, die sich als ihre Anhänger bekennen oder die sich zu ihren Sprachrohren auf Erden machen. Nicht auf die Heilslehre, sondern auf das Verhalten, nicht auf den Glaubensgehalt, sondern auf die Praxis.

Ohne Zweifel besteht eine gewisse Verbindung zwischen Heilslehre und Verhalten, zwischen Glaubensgehalt und Lebenspraxis, allerdings ist diese Verbindung keinesfalls automatisch gegeben und selbstverständlich. Ihre Herausbildung kann mitunter auf ziemlich verschlungenen Wegen stattfinden und zu unverhofften praktischen Auswirkungen führen.

Um ein Beispiel von Roy[9] aufzugreifen, hat das Gebot »Du sollst nicht die Frau deines Nächsten begehren«[10] mitnichten dazu geführt, dass der Ehebruch aus der Geschichte der christlichen Gesellschaften verschwunden ist, womit man eigentlich hätte rechnen dürfen, wenn die Beziehung zwischen Dogma und Leben einfach und unmittelbar wäre. Damit ist nicht gesagt, dass das Gebot keine Auswirkungen hat – man denke allen voran an Scheinheiligkeit und Doppelmoral –, vielmehr handelt es sich um Ergebnisse, die nicht automatisch und ausschließlich von dem normativen Gehalt des Gebots hergeleitet werden können.

Anders gesagt, heilige Schriften und der Fundus an Dogmen der einzelnen Religionen sind nicht bloß ein Verhaltenskatalog, aus dem man sich bedienen kann, sondern sie interagieren mit der Welt und der Gesellschaft, in der sie gerade zur Anwendung kommen. Man denke nur daran, wie sich die christliche Religion in zahlreichen afrikanischen Gesellschaften ausgebreitet hat und sich zu diesem Zweck jeweils zu einem gewissen Grad an bereits bestehende Glaubensrichtungen anpasste. Vergleichbares gilt auch für den Islam, der bei seiner Ausbreitung je nach Umgebung die unterschiedlichsten Formen angenommen hat.[11]

Die Religionssoziologie hat sich lange mit dem dialektischen Verhältnis zwischen Religion und Gesellschaft befasst. In unserem Zusammenhang muss das nicht weiter vertieft werden; es genügt, den methodologischen Aspekt aufzugreifen, zu dem diese Betrachtungen hinführen. Es gibt weder den *homo islamicus*, noch gibt es den *homo christianus*. Was es gibt, sind Menschen aus Fleisch und Blut in ihrem jeweiligen Kontext mit ihren jeweiligen Entscheidungen, für die sie, vollkommen laizistisch, die Verantwortung übernehmen (müssen).

In der Perspektive, die hier skizziert wird, ist der rein soziologische Ansatz unzureichend, weil zwischen Dogmatismus und Praxis der freie Wille liegt. Genauso wird jedoch der Essenzialismus abgelehnt, dem zufolge es eine »wahre« Religion geben müsse, und auch jede Form des Determinismus, der postuliert, das Verhalten der Menschen werde von den Umständen wesentlich bestimmt, in denen sie geboren sind und leben. »Das schreibt mir meine Religion / meine Kultur / meine Tradition vor« sind keine Argumente im öffentlichen Diskurs einer demokratischen Gesellschaft, in der von allen, ohne Ausnahme, verlangt wird, sich an die »Spielregeln« zu halten: »Jedem steht es frei, von der Revolution zu träumen, von der Abschaffung des Kapitalismus, von dem Herabstieg des Mahi und von Christus auf Erden. Ob wir uns nun als Eigentümer oder bloße Mieter empfinden, was zählt, ist, dass wir uns an den Vertrag halten.«[12] In diesem Sinne muss der Dialog mit den Religionen auf der Ebene der demokratischen Spielregeln ablaufen, nicht auf der des Dogmas.

Der springende Punkt dabei ist: Wer legt diese Regeln fest? Und vor allem, was unternimmt man, wenn sie mit dem Dogma oder auch bloß bestimmten Auslegungen des Dogmas in Konflikt stehen? Die Spielregeln werden denn auch tatsächlich nicht ein für alle Mal aufgestellt, sind nicht in Stein gemeißelt, sind weder »natürlich« noch ein bloßer formaler Rahmen ohne Inhalt. Es handelt sich bei ihnen um Werte und Prinzipien, die man annehmen oder ablehnen kann, die mehr oder weniger kompatibel mit der eigenen Weltsicht und dem eigenen Glauben sein können. Der Staat – und das wird in diesem Buch vertreten – muss, sofern er demokratisch und freiheitlich bleiben will, diese Prinzipien einfordern und verteidigen, denn auf der Grundlage dieser Prinzipien werden die Grenzen zwischen dem, was akzeptabel ist, und dem, was das nicht ist, gezogen.

Einigen wir uns beispielsweise darauf, dass eine der unabdingbaren Spielregeln, die wir uns gegeben haben, in der uneingeschränkten Parität der Geschlechter und dem totalen Verbot der Geschlechtertrennung besteht, können wir dann Schwimmbäder, Biologiestunden oder sogar ganze Schulen hinnehmen, in denen genau das mit Füßen getreten wird? Die Rede ist hierbei nicht von bloßen Vorstellungen und Zuständen, die nur die muslimische Welt beträfen. Die erzkatholischen Schulen Gavia (für Mädchen) und Braida (für Jungen) im italienischen Verona etwa sind sogenannte »scuole private paritarie«[13], also vom italienischen

Staat anerkannte Privatschulen, die eingeschlechtlich und eng mit Opus Dei verbunden sind.

Gehen wir einmal davon aus, dass eine weitere Spielregel die Religionsfreiheit ist – was selbstverständlich auch die Freiheit impliziert, keiner Religion anzugehören oder zu einer anderen Konfession überzutreten –, dürfen wir dann hinnehmen, dass Ausgetretene in manchen Gemeinschaften geächtet werden[14] und in manchen Ländern zu Haft, Körperstrafen oder sogar zum Tode verurteilt werden?

Die von Roy vorgelegte Antwort darauf ist entschieden unzulänglich. In Bezug auf die Frage etwa, wie man sich gegenüber der Union islamischer Organisationen Frankreichs (UOIF) verhalten solle, einer Organisation, die Roy selbst als fundamentalistisch beschreibt, vertritt der französische Politologe die Meinung, man müsse dieselbe Haltung einnehmen wie gegenüber katholischen Konservativen. Von diesen werde etwa im Hinblick auf den Schwangerschaftsabbruch nicht verlangt, »dass sie von der Kanzel predigen, die Abtreibung sei kein Verbrechen, sondern man bittet sie, die Hardliner nicht aufzuhetzen, dass sie die Abtreibungskliniken angreifen, kurz, sich an das Gesetz und die öffentliche Ordnung zu halten und nicht die eigenen Glaubenssätze zum Gesetz zu machen«.[15] Wenn die Lage so einfach wäre, gäbe es wenig zu diskutieren. Diese Haltung – und das ist entscheidend – ist unzulänglich.

Wo genau verläuft die Grenze? Es ist sicher beruhigend zu sagen, eine Anstachelung zu Angriffen auf Kliniken sei inakzeptabel. Aber ist es beispielsweise legitim, zum Boykott der Gesetze zum Schwangerschaftsabbruch aufzurufen und die Verweigerung aus Gewissensgründen seitens des medizinischen Personals zu diesem Zweck zu instrumentalisieren, wie es die katholische Kirche in Italien systematisch tut?[16] Wenn es, kurz gesagt, offensichtlich keinen Sinn hat, die Gläubigen zu bitten, Rechenschaft über ihr Dogma abzulegen, muss man das größtmögliche Recht haben, sämtliche Religionen, ihre jeweiligen Gepflogenheiten und die von ihnen verbreitete Weltsicht streng und offen zu kritisieren. Hat der Priester das Recht, von der Kanzel herab die Abtreibung zu verurteilen, habe ich das Recht, öffentlich zu sagen, dass es sich dabei um eine frauenfeindliche und illiberale Haltung handelt, und diese auf der Ebene des kulturellen Diskurses und der politischen Auseinandersetzung zu bekämpfen. Davon abgesehen, sind wir denn überzeugt davon, dass der Priester (oder der Papst, ein Imam oder sonst eine Autorität irgendeiner religiösen Vereinigung) das Recht hat, Frauen, die abtreiben, mit Schuld zu beladen und sie Mörderinnen zu nennen?[17] Dass er das Recht hat, und sei es »nur« im Innern eines Gotteshauses, Homosexualität als Krankheit zu bezeichnen?

Das ist ein altes Spiel. Einige Teile religiöser Gemeinschaften versuchen ständig, ihr jeweiliges Dogma zu einem Verhaltenskodex zu machen, der auch die sozialen Beziehungen generell normieren soll anstatt bloß das persönliche Verhältnis zur eigenen Gottheit. Dem demokratischen und freiheitlichen Staat kommt in dieser Situation die Rolle zu, die Spielregeln, also die Freiheiten und Grundrechte der einzelnen Bürgerinnen und Bürger, gegen die Religion zu verteidigen, gegen die Religion als »Struktur«, die sich anmaßt, »die politische Form der Gesellschaften zu bestimmen und die Ökonomie des gesellschaftlichen Zusammenhalts vorzuschreiben«.[18]

Wie jedes andere kulturelle Phänomen auch unterhalten Religionen nämlich eine Beziehung wechselseitigen Austauschs zur Gesellschaft; sie nehmen Einfluss auf sie und werden ihrerseits beeinflusst. In diesem »Spiel« des Aushandelns dürfen die Laizisten (gläubige wie nicht gläubige) keinen einzigen Schritt zurückweichen, da andernfalls die Fundamentalisten das Feld stürmen.

Religionen als gesellschaftliche Akteure zu begreifen, die vollständig in das Spiel des Aushandelns integriert sind, bedeutet, davon auszugehen, dass Religionen eben nicht, wie es die Fundamentalisten gerne hätten, monolithische Strukturen sind, die immer gleich bleiben und zu jeder Zeit und an jedem Ort unverändert sind. Vielmehr sind sie lebende Komponenten der Gesellschaft, die in einem beständigen und wechselseitigen Wandel begriffen sind. Dieser laizistische Ansatz ermöglicht es zum einen, die diversen Religionen so zu betrachten, wie sie de facto in Wirklichkeit sind, sie an ihrem Beitrag, hier und jetzt, zur Demokratie zu messen, statt sie nur so zu sehen, wie wir sie gerne hätten. Zum anderen kann man sich darauf verlassen, dass, ungeachtet ihrer aktuellen Rolle, ihr Schicksal nicht unwandelbar ist. Anders ausgedrückt, wenn eine Religion zu einem gegebenen historischen Zeitpunkt und in einem gegebenen sozialen Kontext eine konservative und reaktionäre Rolle einnimmt, muss man das erkennen und untersuchen, ohne gleichzeitig zu denken, dass es nicht anders sein kann. Natürlich gilt auch das Gegenteil: Eine Religion kann zu einem gewissen Zeitpunkt eine progressive und emanzipatorische Rolle innehaben, ohne dass ihr das in alle Ewigkeit ein demokratisches Gütesiegel verschaffen würde.

Tatsächlich ist es recht verbreitet, mit zweierlei Maß zu messen, wenn es darum geht, die Rolle einer Religion in einem konkreten historischen Kontext zu bewerten. Am Beispiel des Christentums bedeutet das: Betrachtet man seine progressiveren und deutlich emanzipatorischen Aspekte, werden sie üblicherweise auf die Essenz des Glaubens zurückgeführt. Geht es jedoch darum, die Gräueltaten zu verurteilen, die im Namen des Christentums im Laufe der Geschichte ausgeübt wurden – von der Hexenjagd bis zur Zwangsbekehrung –, werden auf einmal kritischer Geist und historische Analyse gezückt, um zu zeigen, dass all das nicht das Wesen des Christentums ausmache.

Akzeptiert und begreift man jedoch die Religion als kulturelles Phänomen, das in die Geschichte eingeschrieben ist, so bleibt sie genau das, im Guten wie im Schlechten. Der »Kniff«, die Verantwortung für die negativen Aspekte bloß dem historischen Kontext zuzuschieben, den wirtschaftlichen Verhältnissen und so weiter und die Religion freizusprechen, wenn es einem gelegen kommt, funktioniert nicht, da sie wie alles andere Teil der Geschichte ist.

Die Neigung, Religionen von jedweder historischen Verantwortung freizusprechen, ist nicht bloß an der religiösen Front verbreitet, sondern war – und traurigerweise ist – auch eine schlechte Angewohnheit einer bestimmten linken Einstellung, die aus dem Streben heraus, alles auf die sozioökonomische Struktur zurückbeziehen zu wollen, die gesamte kreative und aktive Macht aller »überstrukturellen« Elemente unterschätzt, zu denen eben auch die Religionen gehören.[19]

Privilegien der Religionen

Religionen sind Systeme von Glauben und Riten, und darin ähneln sie zahlreichen anderen Systemen von Glauben und Riten, auch kulturellen, politischen, sozialen und ideologischen. Dennoch genießen Religionen in unseren Gesellschaften einen besonderen Status, der ihnen Privilegien verleiht, die für kein anderes Glaubenssystem akzeptiert würden.

In zahlreichen Ländern sind auf offiziellen Dokumenten Fotos mit Kopfbedeckung verboten – es sei denn, die Kopfbedeckung wird aus religiösen Gründen getragen. Auf genau diese Klausel hat sich Lindsay Miller im amerikanischen Massachusetts berufen und die Genehmigung erwirkt, ein Foto verwenden zu dürfen, auf dem sie ein Nudelsieb auf dem Kopf trägt, das Symbol der bereits erwähnten Kirche des Fliegenden Spaghettimonsters, der sie angehört.[20]

Dieser zugegeben etwas skurrile Fall macht die Privilegien erkennbar, die Religionen selbst in einer säkularisierten Gesellschaft genießen – eine religiöse Ausnahme, die längst nicht mehr toleriert werden kann. Man mag über das Beispiel mit dem Nudelsieb vielleicht schmunzeln, doch ist unser Alltagsleben voll von Situationen, in denen Religionen anders behandelt werden als alle übrigen Schulen des Denkens oder politische, philosophische und spirituelle Alternativen. Der Religion gestehen wir zu, was wir keiner anderen Sache erlauben.

Das fängt schon bei der Taufe an, der Anmeldung eines oder einer Minderjährigen zu einer Vereinigung, in der Regel in einem Alter, in dem es dem neuen Mitglied unmöglich ist, etwas bewusst zu wollen. Dieser Initiationsritus ist dermaßen verbreitet, dass er uns gänzlich harmlos erscheint. Dabei müsste man nur einmal überlegen, wie man auf Initiationsriten reagieren würde, die in einem beliebigen anderen, sprich nichtreligiösen Kontext an Neugeborenen durchgeführt werden. In einigen Ländern stellt die Taufe bereits eine Entscheidung dar, die nicht unerhebliche Konsequenzen für das Leben als Erwachsene oder Erwachsener haben kann. In Deutschland geben die Eltern nach der Geburt ihres Kindes bei den Behörden an, welcher Konfession es »angehört«. Dieser Verwaltungsakt führt dazu, dass in dem Moment, da das Kind sein erstes Gehalt ausgezahlt bekommt, automatisch die Kirchensteuer eingezogen wird. Die Steuer erhält die Kirche, für welche die Eltern das Neugeborene angemeldet haben. Dem kann man nur entgehen, indem man offiziell aus der Kirche austritt.[21]

Fälle dieser Art sind zahlreich, vom bereits erwähnten konfessionellen Religionsunterricht an öffentlichen Schulen bis zur religiösen Betreuung in Krankenhäusern und Kasernen, von Pastoralbesuchen in öffentlichen Schulen und Behörden bis zur Segnung des Hauses oder bis hin zu den Sonderrechten von kirchlichen Amtsträgern in Italien, denen es erlaubt ist, selbst an Tagen, an denen Fahrverbote zur Abgasreduzierung gelten, mit ihrem Privatwagen aus »dienstlichen Gründen« zu fahren. In Italien gibt es noch das besondere System des »8 per mille« (acht Tausendstel), einer einkommensabhängigen Kirchensteuer, deren Empfänger ausgesucht werden kann. Ihr liegt ein ausgetüftelter Mechanismus zugrunde, der dafür sorgt, dass die katholische Kirche deutlich mehr Geld erhält, als ihre Gläubigen ihr ausdrücklich zukommen lassen.[22]

Eines der größten Privilegien der Religionen ist der von ihnen erhobene Anspruch auf »Respekt«, und zwar einen Respekt, der – das muss nicht eigens gesagt werden – viel höher ist als das, was anderen Denksystemen zugestanden wird. Blasphemie gilt als untragbare Beleidigung, als etwas viel Schwerwiegenderes als die Schmähung jeder anderen Sache, die sich nicht selbst für religiös erklärt hat. In manchen Staaten gilt Blasphemie als Straftat, in anderen wird sie sogar mit dem Tode geahndet. In Italien beispielsweise wird sie mit Artikel 724 des Strafgesetzbuches abgedeckt, wo es heißt: »Wer öffentlich mit Schmähreden oder mit Schimpfworten Gott lästert, wird mit einer Geldstrafe von 51 Euro bis 309 Euro bestraft.«[23]

Sieht man einmal vom persönlichen Glauben ab, wird wahrscheinlich kaum jemand bestreiten, dass die genaue Definition von »Gott« – »divinità« (Gottheit) im italienischen Beispiel – eine ziemlich mühsame Angelegenheit ist. Der Richterstand in Italien hat sie auf sich nehmen müssen, um festzulegen, wo die Grenzen des Gesetzes verlaufen. Dabei wurde beschlossen, dass das (in Italien relativ geläufige) Fluchen auf die Madonna keinen Tatbestand darstellt, da es sich bei ihr strenggenommen nicht um eine »Gottheit« handele. Offensichtlich darf die Mutter Gottes also folgenlos geschmäht werden. Es ist nicht zu übersehen, wie archaisch diese Gesetze sind, die einen vollkommen unzeitgemäßen, privilegierten Sonderstatus der Religionen aufrechterhalten. Ein Einwand könnte lauten: Wer eine Gottheit beleidigt, beleidigt doch aber die religiösen Empfindlichkeiten derjenigen Personen, die an diese Gottheit glauben. Andererseits liegt jedoch auch auf der Hand, dass der Geltungsbereich des Rechts auf freie Meinungsäußerung und Kritik – das in einem freiheitlichen Staat immer so weitreichend wie möglich sein muss und erst bei Verleumdung oder der Anstiftung zu Straftaten an seine Grenzen stößt – nicht von jemandem festgelegt werden darf, der oder die sich angesichts solcher Kritik beleidigt fühlt.[24] Dieses Argument deckt einmal mehr unsere Tendenz auf, religiöser Empfindlichkeit eine höhere Achtung entgegenzubringen als jedem anderen philosophischen oder spirituellen Empfinden. Ich selbst bin Atheistin und fühle mich tagtäglich beleidigt von vielen religiös gefärbten Ausdrücken, aber ich würde mir im Traum nicht anmaßen, mein persönliches Empfinden in dieser Sache zum Maß des Gesetzes machen zu wollen.

Die US-amerikanische Philosophin Martha Nussbaum vertritt die Meinung: »Die religiösen Praktiken zu kritisieren – wenn man befunden hat, dass ablehnende Menschen nicht gefährdet sind – ist üble Nachrede und ungehörig. Wir alle haben Ansichten über die Religion anderer Menschen, die wir für uns abwägen und mit unseren Freunden diskutieren.«[25] Diese allem Anschein nach harmlose Aussage stellt in Wahrheit einen äußerst schwerwiegenden Schlag gegen das Recht auf freie Meinungsäußerung und die Vitalität des öffentlichen Diskurses dar, der nur dann wirklich gesund ist, wenn er in aller Öffentlichkeit – und nicht bloß unter Freunden – jedwedes Thema ansprechen kann. Das schließt die religiösen Überzeugungen jedes einzelnen Mitglieds der politischen Gemeinschaft mit ein.

In den meisten Fällen sind solche Privilegien ein Vermächtnis der Konkordatsregelungen, die jedoch, wie Peña-Ruiz feststellt, »keine Rechtsprechung und die Grundlage für eine klerikale Zurückeroberung werden dürfen: Es wäre paradox, den versöhnenden Gehalt der Laizität gegen sich selbst zu richten und aus *Zugeständnissen Rechte* zu machen.«[26]

Die Konkordatsregelungen, wie sie mit gewissen Unterschieden in zahlreichen Ländern bestehen, sind das Ergebnis der langen und noch nicht abgeschlossenen Geschichte der Säkularisierung der politischen Institutionen. Und heute stoßen wir an ihre Grenzen. Die bloße Tatsache, dass Religionen – und nur sie – Abkommen mit dem Staat treffen dürfen, stellt für sich betrachtet bereits ein Privileg dar. Die ursprünglich für die katholische Kirche getroffene Regelung des Konkordats wurde in Italien ausgeweitet auf ein System von Verträgen mit anderen Konfessionen, die als »intese« bezeichnet werden. Dadurch ist ein Modell der Privilegierung auf zwei Ebenen entstanden: Die katholische Kirche steht über den anderen Religionen und diese wiederum stehen über allen übrigen Glaubenssystemen, Weltanschauungen, Ideologien und spirituellen Alternativen. Durch das Konkordat[27] und die »intese« sind Religionen in Italien in den Genuss einer Reihe von Vorzügen gekommen, die kei-

ner anderen gesellschaftlichen, spirituellen oder vereins-
ähnlichen Struktur je zugesprochen wurden. Ähnlich ist die
Situation in vielen europäischen Ländern.

Aus laizistischer Sicht sind Religionen nur einer von
vielen Bestandteilen der Zivilgesellschaft und müssen daher
genauso behandelt werden wie jeder andere gesellschaftliche Akteur. Als wichtiges Element der Gesellschaft haben sie *genau dasselbe Recht* wie alle anderen, im öffentlichen Raum aufzutreten, an dem sie jedoch *privat* teilhaben,
also ohne jeden Anspruch, ihn zu strukturieren. Der italienische Jurist Stefano Rodotà unterstreicht, dass in vielen
gesetzlichen Regelungen Italiens die Religion stets mit
anderen Dimensionen in Verbindung gebracht und als freie
Meinungsäußerung gewertet wird, während sie tatsächlich – dank der Absurdität der Konkordatsregelung – eine
privilegierte Stellung genießt.[28]

Der laizistische Staat hat nun einmal die Pflicht, sich
zum Garanten für die Freiheit aller Bestandteile der Zivilgesellschaft zu machen, einer Freiheit, die gewährleistet
werden muss, solange sämtliche Gemeinschaften sich im
Rahmen des Gesetzes und der Verfassungsprinzipien bewegen. Diese Garantie gilt natürlich unter denselben Bedingungen auch für Religionen. Deren Anspruch jedoch,
einen privilegierten Status gegenüber anderen Bereichen
der Zivilgesellschaft einzunehmen, muss mit aller Vehe-
menz abgelehnt werden, zumal dieser Status ihnen Privilegien einräumt, die für andere Gruppen oder Gemeinschaften unvorstellbar wären.

Die Theokratie ist unter den Gesellschaftsordnungen der
extremste Fall, was die Vermengung von Religion und öffentlicher Macht angeht, aber auf der langen Strecke, die
sich zwischen der Theokratie und einem vollständig laizistischen Staat dehnt, existieren die unterschiedlichsten Va-

rianten. Es genügt nicht, keine Staatsreligion zu haben, um behaupten zu können, ein Staat sei laizistisch. Ein Land, das entweder einer Religion eine wie auch immer geartete privilegierte Stellung gegenüber anderen Religionen zuerkennt oder Religionen im Allgemeinen eine solche Stellung gegenüber anderen spirituellen Alternativen einräumt, missachtet zum Teil die Gleichberechtigung aller Bürger. Das betrifft die allermeisten westlichen Länder, die sich zwar auf der erwähnten Strecke deutlich abseits der Theokratie ausmachen lassen, gleichzeitig jedoch – das eine mehr, das andere weniger – noch ein gutes Stück von der vollendeten Laizität entfernt liegen.

Dabei darf natürlich weder die schiere Anzahl der Gläubigen, ihr »Mehrheitscharakter«, noch das wirtschaftspolitische Gewicht einer Religion ein Argument für ihre privilegierte Behandlung sein. Die Gewissens- und Religionsfreiheit ist nämlich eines der Menschenrechte, das jeder einzelnen Bürgerin und jedem einzelnen Bürger zusteht, und deren Rechte gelten jeweils genauso viel wie die aller anderen, selbst wenn jemand der einzige Anhänger einer Religion sein sollte.

Es geht also nicht darum, Religionen aus dem öffentlichen Raum auszuschließen, sondern darum, ihnen keine privilegierte Stellung einzuräumen, keinen zusätzlichen Wert.[29] Jedes Individuum gestaltet sein Leben nach den eigenen Überzeugungen und Werten, und viele Gläubige orientieren sich in ihrem Alltag an ihrer Religion. Das ist vollkommen in Ordnung und niemand darf jemand anderem verweigern, sich seine Wertvorstellungen selbst auszusuchen. Der Staat als solcher darf jedoch keine Religion besser behandeln als irgendein anderes Werte- oder Glaubenssystem, weder eine bestimmte noch eine gewisse Auswahl und auch nicht alle.

Fundamentalisten aller Länder vereinigt

An dieser Stelle ist die historische Rolle von Religionen in
ihren diversen Variationen von Interesse, daher dürfen nicht
bloß diejenigen religiösen Bewegungen betrachtet werden,
die mehr oder weniger offen politisch sind. Daneben gibt es
extrem konservative Religionen, die jedoch kein Interesse
an direkt politischer Betätigung haben und politisch-religiö-
sen Bewegungen häufig sogar ablehnend gegenüberstehen.
In der muslimischen Welt unterscheidet Roy beispielsweise
zwischen »Islamisten« und »Fundamentalisten«. »Erstere
vertreten die Meinung, die Reislamisierung müsse über den
Staat erfolgen, die anderen meinen, sie erfolge durch die
persönliche Hingabe.«[30] Letztere verabscheuen die Vorstellung eines »Islamischen Staates« und stehen häufig in offe-
nem Konflikt mit den Islamisten, in denen sie eine Degene-
rierung der Botschaft des Koran sehen.

Es besteht kein Konsens, auch im akademischen Diskurs
nicht, bezüglich der korrekten Termini in dieser Diskussion.
Die einen verwenden »Fundamentalismus« für religiöse
Bewegungen, die traditionalistisch und konservativ, aber
nicht unbedingt politisch sind, während andere das Wort
»(religiöser) Integralismus« bevorzugen, der in der Definition von Roy »eine Form des Fundamentalismus [darstellt],
die nicht mehr die Gesellschaft als Ganzes betrifft, sondern
den einzelnen Gläubigen, der als Individuum versucht, seinen Glauben vollumfänglich [integral] auszuleben«.[31] Es
handelt sich in beiden Fällen um Begriffe, die zwar im aktuellen öffentlichen Diskurs vor allem mit dem Islam in Verbindung gebracht werden, eigentlich jedoch aus dem christlichen Kontext stammen, »Integralismus« aus dem katholischen, »Fundamentalismus« aus dem protestantischen.

Allgemein gesprochen sind beide Definitionen nicht
zufriedenstellend und immer nur partiell zutreffend, aber

bis ein besseres Wort für das Konzept gefunden ist, soll in diesem Buch »Fundamentalismus« verwendet werden, um religiöse Bewegungen mit deutlich politischem Anspruch zu bezeichnen, sowie für alle jene Formen von Religiosität, in denen nicht zwischen öffentlichem und privatem Bereich unterschieden wird und die auch das Autonomieprinzip des Individuums nicht anerkennen.

Keine Religion ist gegen Fundamentalismus gefeit. Ein Bericht der UNO gibt dafür einige Beispiele: »2015 wurde der Leiter und Direktor des akademischen Opern- und Ballett-Theaters Nowosibirsk dafür gefeuert, Wagners Oper Tannhäuser inszeniert zu haben, von der gesagt wurde, sie beleidige Anhänger des orthodoxen Glaubens und schände ›ein von Christen verehrtes Symbol‹. [...] Htin Lin Oo, ein früherer Politiker der Nationalen Liga für Demokratie, wurde in Myanmar zu zwei Jahren in einem Arbeitslager verurteilt – jedoch später begnadigt und freigelassen –, nachdem er 2014 in einer Rede während einer Literaturveranstaltung kritisiert hatte, dass der Buddhismus zur Diskriminierung verwendet werde. [...] Gruppierungen fundamentalistischer Sikh haben Berichten zufolge Gangs maskierter Männer eingesetzt, um gemischte Eheschließungen zu stören. [...] Gewalt gegen Lesben, Schwule, Bisexuelle und Transgender unterstreicht die Transnationalität von Fundamentalismen und Extremismen. So haben Berichten zufolge fundamentalistisch-christliche Gruppierungen aus den USA und ihre Anführer durch Reden und Finanzierungen eine gegen Lesben, Schwule, Bisexuelle und Transgender gerichtete Agenda in Uganda unterstützt.«[32]

Obwohl Fundamentalismen je nach sozialem und religiösem Kontext unterschiedliche Formen annehmen, sind sie sich doch im Allgemeinen viel ähnlicher, als man annehmen möchte. Mit Sicherheit haben ein Islamist und ein katholischer Fundamentalist mehr miteinander gemeinsam als mit einem laizistischen Anhänger ihrer jeweiligen Religion. Ja man könnte sogar von einer regelrechten »fundamentalistischen Internationalen« sprechen, die sich vor allem in zwei Punkten einig ist, um die es im nächsten Abschnitt gehen wird, im Konzept der Familie und dem der Frau.

Bei aller Gleichartigkeit der Ziele von Fundamentalisten, können sie doch je nach Kontext unterschiedliche Strategien ins Feld führen, um sie zu verwirklichen: »Alle Fundamentalisten greifen auf je unterschiedliche Weise die Erziehung an. An manchen Orten töten sie die Lehrer oder üben Säureattacken auf die Schüler aus. Anderswo versuchen sie eine Trennung nach Geschlechtern zu erzwingen oder Frauen und Mädchen komplett [vom Unterricht] auszuschließen. An wieder anderen Orten versuchen sie den Lehrinhalt zu verändern und Aufklärungsunterricht vom Lehrplan zu streichen oder wissenschaftliche Theorien zu zensieren, denen sie widersprechen.«[33] Diese Bandbreite der Strategien macht es unmöglich, eine strikte Unterscheidung zu treffen zwischen fundamentalistischen Bewegungen, die ausdrücklich gewalttätig und politisch sind, und jenen, die zwar nicht offen Gewalt ausüben und klare politische Ziele verfolgen, dafür jedoch eine homophobe, frauenfeindliche, illiberale und/oder antiwissenschaftliche Weltanschauung vertreten und de facto die Menschenrechte ihrer Angehörigen verletzen.[34]

Fundamentalismen und Frauenrechte. Warum Feminismus ausschließlich laizistisch sein kann

Die Kontrolle über den Körper der Frau ist das wichtigste Schlachtfeld, auf dem sich Fundamentalisten weltweit austoben. Es ist auch kein Zufall, dass die »heiligen Allianzen«

zwischen den konservativeren Flügeln der diversen Glaubensrichtungen ausgerechnet rund um Themen wie die Rolle der Frau in der Gesellschaft, Abtreibung, Fruchtbarkeit und Familie geschmiedet werden.[35] Wie der Name einer Initiative für Frauenrechte verkündet, »Secularism is a women's issue«, betrifft Laizität vor allem die Frauen. »Der Kampf für Frauenrechte ist ein essenzieller Bestandteil des Kampfes gegen jede Form von Extremismus, Fundamentalismus und Terrorismus. Die Gender-Komponente ist nicht optional«, heißt es dazu im bereits zitierten UN-Bericht.[36]

Wir müssen heute mitansehen, wie so ziemlich überall auf der Welt der religiöse Fundamentalismus sein Comeback feiert. In Indien ist es der nationalistische Hinduismus, in Myanmar und Sri Lanka der radikal-chauvinistische Buddhismus, in Polen ist es der fundamentalistische Katholizismus, in vielen Ländern der muslimischen Welt der politische Islam, der auch in Europa Fuß zu fassen versucht.[37] Beobachtet man dieses Phänomen von einem feministischen Standpunkt aus, dem Standpunkt all jener also, welche die Lebensbedingungen und die Subjektivität der Frau aufrechterhalten wollen, muss man es unter zwei Aspekten analysieren. Der erste ist eindeutig und ausdrücklich politisch, wenn nämlich diese Strömungen dazu übergehen, dass religiöse Vorschriften das zivile Zusammenleben prägen sollen. Der andere bleibt den diversen Gemeinschaften sozusagen »intern« und stellt die Frage nach unserem Recht und unserer Pflicht, uns in ihre Organisation und die von ihnen propagierte Kultur »einzumischen«, sobald man potenzielle Verstöße gegen die Autonomie und Freiheit der Frau entdeckt. Anders gesagt, wir dürfen uns auf der Ebene des Kulturkampfes nicht bloß dafür einsetzen, dass zum Beispiel die polnische Regierung auf keinen Fall dem Gesetz über das totale Abtreibungsverbot zustimmt. Genauso müssen wir gegen kulturelle und religiöse Dynamiken vorgehen, die Frauen innerhalb der Familie unter Druck setzen und sie immer weiter ins Häusliche drängen, wo sie womöglich geduldig auf ihre untreuen Ehemänner warten sollen – wozu Papst Franziskus aufgerufen hat.[38]

Diese beiden Schlachten müssen parallel geschlagen werden. Gleichzeitig muss auch der ebenso altehrwürdige wie brandaktuelle Slogan »Das Persönliche ist politisch« abgestaubt werden, denn das Argument »Das ist Familiensache« – oder das Äquivalent der Kommunitarier »Das ist Sache der Gemeinschaft«, »Bei uns läuft das so«, »Woher nehmt ihr euch das Recht, uns zu sagen, wie wir zu leben haben?« – darf noch nicht einmal den kleinsten Verstoß gegen die Freiheit und die Rechte eines Subjekts rechtfertigen, am allerwenigsten gegen die von Frauen, Mädchen und Kindern.

Wenn im öffentlichen Diskurs von der Unterdrückung der Frau die Rede ist, wird häufig angefügt, es handele sich aber um Traditionen dieser Kultur und der patriarchalen Struktur, die nun einmal zahlreiche Gesellschaften auszeichne; das habe mit Religion nichts zu tun. Aus laizistischer Sicht handelt es sich dabei, wie bereits gezeigt, um eine ziemlich kuriose Aussage. Was genau sind denn Religionen anderes als ein wichtiger Bestandteil der Kultur? Das, was zur Religion gehört, von dem zu trennen, was angeblich »bloß« zur Kultur gehört, wäre ein äußerst schwieriges Unterfangen.

Wer solche Argumente, dass die Religion mit der Kultur nichts zu schaffen habe, vorbringt, unterschätzt häufig den verstärkenden oder zurückdrängenden Einfluss, den kulturelle Phänomene – und Religionen, das sei hier noch einmal unterstrichen, sind kulturelle Phänomene – auf das Patriarchat haben können. Anders gesagt, man muss sich fragen, sind Religionen progressive Elemente, die helfen, patriarchale Mechanismen aufzulösen und zu entfernen, oder gehen Religionen bereitwillig Bündnisse mit ihnen ein und verstärken sie noch. Zweifelsfrei steht jedenfalls fest, dass etwa die katholische Religion in ihrer Geschichte das Patriarchat eher begünstigte, als sich ihm zu widersetzen.

Hängt die patriarchale Machomentalität Italiens in den fünfziger Jahren (die leider auch heute noch weitverbreitet ist, und das nicht nur auf der Apenninenhalbinsel) mit der katholischen Religion und der darin festgelegten Rolle der Frau zusammen oder nicht? Sicher, auch die Bibel kann man unterschiedlich auslegen, aber gleichzeitig kann nicht geleugnet werden, dass der herrschende Katholizismus damals Hand in Hand mit Frauenfeindlichkeit, Patriarchat und Homophobie ging – und, wie Bergoglios Worte zeigen, auch heute noch geht.

Jenseits der wirklich zahlreichen Beispiele eines progressiven Katholizismus, war der Katholizismus als historischer Akteur ein hervorragender Verbündeter des Patriarchats. Das zeigen gerade die progressiven katholischen Strömungen allein durch ihre Existenz. Es handelt sich dabei nämlich um Gegenentwürfe, die aus dem Widerspruch zur vorherrschenden Auslegung des Katholizismus geboren wurden, der Auslegung also, die die Geschichte auf entscheidende Weise geprägt hat.

Ähnliches ließe sich auch über den Islam sagen, dass nämlich Patriarchat und Islam nicht vollkommen deckungsgleich sind, dass es in der Geschichte des Islams durchaus auch progressive Denkschulen und Auslegungen gegeben hat, dass zahlreiche Elemente des Patriarchats aus der Zeit vor dem Islam stammen, dass es zwischen der präislamischen Epoche und der islamischen gewisse Kontinuitäten gibt, aber eben auch Diskontinuitäten, dass die

Dynamik, aus der das Patriarchat sich teilweise speist, auch und vor allem ökonomischer Natur ist, wie Ruba Salih anmerkt[39] – an all dem ist nicht zu zweifeln. Dennoch kann das die Religion nicht vollständig freisprechen. Historische Phänomene lassen sich offensichtlich nie auf eindeutige Ursachen zurückführen. Religionen sind und waren ein Faktor, und beileibe kein nebensächlicher, der in der Geschichte wirkt, und sie selbst wiederum sind ebenfalls historische Phänomene.

Es ist also nur teilweise zutreffend, dass nicht die Religion als solche, sondern das Patriarchat der Widersacher des Feminismus und der Emanzipation der Frau ist. Allerdings verschränkt sich das Patriarchat mit den diversen kulturellen Elementen, wozu eben auch die Religion gehört. Bekämpfen muss man es zudem in seinen konkreten und kontingenten Formen, nicht auf abstrakter Ebene.

Als aktuelles Beispiel für ein äußerst enges Bündnis zwischen Patriarchat und Religion kann gelten, was in den letzten Jahren in Polen vor sich ging und geht. Seit die rechte PiS-Partei an der Macht ist, stehen die Rechte der Frau konstant und systematisch unter Beschuss. Die katholische Kirche Polens begrüßt das ausdrücklich und verbreitet über ihren viel gehörten Sender Radio Maryja ihre reaktionären, homophoben und frauenfeindlichen Positionen.[40]

Die Hauptfront in diesem Krieg ist das Recht auf Abtreibung, das unter der aktuellen polnischen Rechtsprechung ohnehin stark eingeschränkt ist und nur in Fällen greift, in denen das Leben der Mutter gefährdet ist, schwerwiegende Fehlentwicklungen des Fötus vorliegen oder die Frau vergewaltigt wurde. Ein erster Versuch, dieses Recht noch weiter einzuschränken und den Schwangerschaftsabbruch praktisch komplett zu verbieten, unter Androhung von Gefängnisstrafen für Frauen, die dennoch abtreiben, wurde durch die Proteste polnischer Frauen abgewendet, die 2016 massiv dagegen auf die Straße gingen. Die obskurantistische und klerikale Offensive gegen Frauen machte deswegen jedoch nicht halt. Erst kürzlich wurde erneut ein Gesetzesvorschlag eingebracht, der die Abtreibung vehement erschweren und nur noch zulassen würde, wenn das Leben der Frau in Gefahr ist.

Sollte jemand bezweifeln, dass die Religion diesen Prozess beeinflusst, genügt ein Blick in die Aussagen von Jarosław Kaczyński, seines Zeichens Vorsitzender der herrschenden PiS, der sich feierlich dazu verpflichtet hat, »dafür zu kämpfen, dass auch im Fall komplizierter Schwangerschaften, wenn feststeht, dass das Kind stark missgebildet sein und sterben wird, die Frauen es zur Welt bringen, damit das Kind getauft und beerdigt werden kann und einen Namen erhält«.[41]

Nur weil der Angriff auf das Frauenrecht zur Abtreibung in Polen direkt und sehr aggressiv erfolgt, darf man nicht annehmen, dass das Problem zum Beispiel in Italien nicht bestünde. Das Gesetz Nummer 194 von 1978, das in Italien den freiwilligen Schwangerschaftsabbruch regelt, wird, wie erwähnt, tatsächlich kontinuierlich boykottiert, da ein ungeheuer hoher und vor allem unproportionaler Anteil des beteiligten Personals aus »Gewissensgründen« seine Kooperation verweigert. Glaubt man den Zahlen des italienischen Gesundheitsministerium betrifft das in manchen Gebieten bis zu 90 Prozent der Gynäkologinnen und Gynäkologen in öffentlichen Einrichtungen, was de facto einem Verstoß gegen das Gesetz und die Rechte der Frauen gleichkommt (siehe dieses Kap. Anm. 18).

Die Gesetzesklausel, die das Recht auf Ablehnung aus Gewissensgründen erlaubt, hatte vielleicht ihre Berechtigung, als das Gesetz erstmals erlassen wurde und man eine

Übergangslösung brauchte. Heute stellt sie jedoch bloß noch eine Verhöhnung der Frauen dar. Die Verteidiger dieser Klausel bilden allerdings eine geschlossene und ziemliche breite Front, mit der Kirche in der vordersten Reihe. Dass in Italien ein Vorschlag wie der polnische nicht auf der Tagesordnung steht, verdankt man sicher nicht der Rolle der Kirche, sondern dem feministischen und laizistischen Engagement der Frauen, die nie aufgehört haben, für ihre Rechte zu kämpfen.

Mit der Ausrede des Widerstands gegen eine ominöse »Gendertheorie«, die angeblich das Heranwachsen unserer Kinder untergrabe und die »traditionelle Familie« infrage stelle, versucht eine Allianz christlicher Konservativer, vereint in einem fundamentalistischen Ökumenismus, die Rechte der Frauen zurückzudrängen. In der Slowakei haben die verschiedenen christlichen Kirchen unter dem expliziten Schlagwort »Antigender« eine umfassende Kampagne gestartet, die die Ratifizierung der Istanbuler Konvention »zur Verhütung und Bekämpfung von Gewalt gegen Frauen und häuslicher Gewalt« verhindern soll.[42] Die Kampagne passt übrigens voll und ganz ins fundamentalistische Programm. Die Gewalt gegen Frauen ist nämlich vor allem ein kulturelles Problem; will man es in Angriff nehmen, muss daher das traditionelle Modell der Beziehung zwischen Mann und Frau hinterfragt werden. Genau dieses verteidigen jedoch die Fundamentalisten aller Religionen.

3. Der Islam –
eine neue europäische Religion

»Die Ethik geht tiefer und ist natürlicher als die Religion.«
Dalai Lama, *Der Appell des Dalai Lama an die Welt*

Die vielen Gesichter des Islams in Europa

Für die Laizität in Europa stellt aktuell neben der christlichen Rechten, die uns nur allzu bekannt ist, ohne jeden Zweifel der Islam eine der größten Herausforderungen dar, oder besser eine bestimmte Facette des Islams. Die Gründe dafür hängen mit der stetig zunehmenden Anzahl von Muslimen zusammen sowie mit der wachsenden Bedeutung, die sie im öffentlichen und politischen Diskurs einnehmen. »Mit Blick auf die Einwanderung und die politische Situation im Mittleren Osten«, schreibt Roy, »enthält der Islam eine politische Komponente von weitaus größerer Bedeutung«,[1] verglichen mit christlichen Sekten und anderen Konfessionen. Aber es wird nicht ganz klar, wie diese Behauptung mit der anderen Aussage des Autors zu vereinbaren ist, der zufolge »die französische Laizität eine *spezifische* Angst gegenüber dem Islam zum Ausdruck bringt«.[2]

Roy unterfüttert seine Theorie mit dem Beispiel konservativer Rabbiner in Frankreich. Diese vertreten ebenfalls frauenfeindliche und homophobe Positionen, dennoch ruft das nicht dieselbe gesellschaftliche Alarmierung hervor wie im Fall konservativer Imame. Das wiederum wird verständlich, wenn man bedenkt, dass das soziale und politische Gewicht der konservativen Rabbiner in Frankreich gegenüber dem der konservativen Imame deutlich zurückfällt. Das ultraorthodoxe Judentum – ohne Frage genauso fundamentalistisch wie der Islamismus, der fundamentalistische Hinduismus und das fundamentalistische Christentum – stellt heutzutage in Europa keine relevante politische Kraft dar. Zwar muss der prinzipielle und kulturelle Kampf an allen Fronten ausgefochten werden, das ist selbstverständlich, dennoch ist es vollkommen berechtigt, dass er sich aus kontingenten, nicht essenzialistischen Gründen auf jene sozialen Kräfte konzentriert, die tatsächlich ins Gewicht fallen.

Das ist auch der Grund, weshalb es nicht nur richtig, sondern doch notwendig ist, den Islam zum Thema zu machen, zu diskutierten, zu studieren und zu kritisieren. Das Verhältnis zwischen Religion und Staat wird zunehmend kompliziert, je komplexer die Gesellschaften in religiöser Hinsicht werden. Daher stellt sich zumindest die Frage, was die immer größere Anzahl von gläubigen Anhängern anderer Religionen für das bisherige Modell von Laizität bedeutet.

Wie im vorangegangenen Kapitel gezeigt, ist das in Europa umgesetzte Modell von Laizität letztlich eng verknüpft mit der Gegenüberstellung von Staat und christlichen Kirchen, insbesondere der katholischen. Daher sollte man sich also fragen, ob die jeweiligen »Ordnungen«, die in den diversen Gesellschaften Europas im Umgang mit dem Verhältnis von Staat und Religion gefunden wurden, noch funktionieren – inwieweit sie aus einer laizistischen Perspektive zufriedenstellend sind oder nicht, sei einmal dahingestellt – und ob sie sich in ihrer aktuellen Form auch auf die Beziehungen zu anderen Konfessionen übertragen lassen, insbesondere auf den europäischen Islam. Das Wort »europäisch« ist zu unterstreichen, denn wie man aus der Religionssoziologie und -anthropologie weiß und wie auch schon erwähnt, schreibt sich die Religion immer in ihren konkreten sozialen und kulturellen Kontext ein, wird von ihm bedingt und bedingt ihn im Gegenzug. Von diesem Kontext kann nicht abstrahiert werden. »Die unterschiedlichen Modi des Muslimseins variieren in Abhängigkeit vom jeweiligen kulturellen Kontext.«[3] Das gilt im Übrigen für jede Glaubensrichtung.

Da uns, wie weiter oben ausgeführt, nicht die Religion an sich interessiert, sondern ihre politische und gesellschaftliche Funktion zu einer bestimmten Zeit und in einem spezifischen soziokulturellen Kontext, dreht sich im Folgenden alles um den europäischen Islam, der vergleichsweise jung ist. Er ist noch ganz in seiner Entwicklung begriffen und folgt dabei komplexen, häufig widersprüchlichen Wegen, die alles andere als monolithisch sind.

Man wird ihn kennenlernen müssen, diesen europäischen Islam, in allen seinen verschiedenen Ausformungen. Dabei wird man feststellen, dass man auf viele unterschiedliche Arten in Europa Muslim sein kann und dass einige davon mit einer laizistischen und freiheitlich-demokratischen Gesellschaft vollkommen kompatibel sind, andere hingegen weniger – wie bei jeder anderen Religion und jedem anderen kulturell-ideologischen System. Der Katholizismus einer Rosy Bindi etwa lässt sich ohne weiteres mit einer laizistischen und freiheitlich-demokratischen Gesellschaft unter einen Hut bringen, der eines Rocco Buttiglione nicht so gut.[4]

In Bezug auf die verschiedenen Möglichkeiten, im heutigen Frankreich Muslim zu sein, unterscheidet der Soziologe Farhad Khosrokhavar zwischen »Integrationsislam«, »Exklusionsislam« und »radikalem Islamismus«.[5] In der ersten Variante, die am weitesten verbreitet, aufgrund der geringen Militanz jedoch am wenigsten sichtbar sei, werde die islami-

sche Religion nicht als Zugehörigkeit zu einer Gruppe aus-
gelebt, sondern als »Konstruktion einer singulären Identität
im Schoß der französischen Gesellschaft«.[6] Der Exklusionsislam sei demgegenüber »eine Art neokommunitäre Sinn-
konstruktion mit Bezug auf ein Heiliges, in der das Subjekt
[...] versucht, der eigenen Existenz einen Sinn zu verleihen,
indem es sich aus einer Gesellschaft ausschließt, in der es
keine Möglichkeit mehr sieht, teil der ›Inkludierten‹ zu sein.
Während der Integrationsislam nach Anerkennung im
Schoß der Nation strebt, zeichnet sich der Exklusionsislam
durch den Mangel an Vertrauen in eine Gesellschaft aus, die
diesen jungen Leuten die Inklusion verwehrt hat.«[7]

Für ein demokratisches und freiheitliches System ist das
die problematischste Gestalt des Islams. Zum einen ist sie
»ihrer Natur nach mehrdeutig«[8] und kann daher zu einer
schiefen Bahn werden, die zur dritten Form führt, in der die
fundamentalistische Radikalisierung stattfindet. Das ist jedoch nicht alles, denn selbst wenn sie vollkommen gewalt-
los bleibt, trägt sie dazu bei, zu spalten und das Gefühl des
Ausgeschlossenseins zu verstärken, ohne das Ihrige für eine
zusammenhängenden Gesellschaft zu leisten.

Das Gefühl des Ausgeschlossenseins hängt auch von
sozialen und wirtschaftlichen Problemen ab, die – aus kom-
plizierten und geschichtlich bedingten Gründen, auf die
hier nicht eingegangen werden kann – einen nicht unerheb-
lichen Teil der muslimischen Bevölkerung häufig besonders
betreffen. Diese unbestrittene Tatsache darf jedoch der Religion nicht als Alibi dienen.[9] Wie bereits ausgeführt, kann
die Religion nämlich, wie jedes andere kulturelle Element
einer Gesellschaft auch, in *jedem* Kontext eine progressive
oder eine reaktionäre Funktion übernehmen, also auch in
einer Problemlage, die von historischen, wirtschaftlichen,
sozialen und ähnlichen Faktoren abhängt. Und man kann

sich nicht jedes Mal auf strukturelle Umstände berufen, um sich freizusprechen.

An dieser Stelle könnte man einwenden, die Muslime der zweiten Kategorie – von der dritten ganz zu schweigen – sind eine Minderheit, während die überwältigende Mehrheit der Muslime in Europa zur ersten Kategorie gehört und somit vollkommen in die freiheitlich-demokratische Gesellschaft integriert ist. Aus gesellschaftlicher und politischer Sicht zählt jedoch nicht bloß der numerisch feststellbare Aspekt eines Phänomens, sondern auch seine Fähigkeit, den öffentlichen Diskurs zu bestimmen. Kurz gesagt, es geht also auch hier um die kulturelle Hegemonie. Die schweigende Mehrheit der Muslime tut genau das, sie schweigt, und das ermöglicht es den Fundamentalisten, den öffentlichen Raum und das kollektive Bewusstsein zu besetzen.

Das essenzialistische Prinzip abzulehnen heißt auch, die »muslimische Gesellschaft« nicht als einen Monolithen zu denken – genau das wollen Fundamentalisten. Vielmehr muss man sich bemühen, die tausend Facetten des europäischen Islams zu erkennen. »Der Islam« existiert nicht, es gibt viele »Islame«. Es gibt einen Islam mit Kopftuch und einen ohne, einen mit Bart und einen ohne, es gibt einen intimistischen Islam, der sich von der Politik fernhält, und es gibt einen politischen, der den öffentlichen Raum islamisieren will. Genau dasselbe vollzieht sich in der christlichen Welt, mit der wir jedoch vertrauter sind; die christlichen Basisgemeinden und die Bewegung »Comunione e Liberazione«[10] etwa haben nichts miteinander gemein. Während wir aber dafür sensibilisiert sind, Unterschiede und Nuancierungen in der christlichen beziehungsweise der christlich-katholischen Welt auszumachen, neigen wir dazu, den Islam als ein großes Einerlei zu betrachten. Das zeigt, dass heute die kulturelle Hegemonie von den Konservativen bestimmt wird. Sie »diktieren die Agenda«, ihr Narrativ ist dominant geworden.

In seinem Buch *Das Unbehagen in den Kulturen. Eine Kritik des Multikulturalismus und seiner Gegner* berichtet Kenan Malik von einer Episode, die sich kurz nach der Veröffentlichung der Mohammed-Karikaturen in der dänischen Tageszeitung *Jyllands-Posten* ereignet hat, eben jenen Karikaturen, die heftigste Reaktionen in der muslimischen Welt hervorgerufen haben. »Der dänische Parlamentsabgeordnete Nasser Khader, der Muslim ist, aber nicht religiös, erzählt von einem Gespräch mit Tøger Seidenfaden, dem Herausgeber der *Politiken*, einer linksgerichteten Zeitung, die den Karikaturen sehr kritisch gegenüberstand. ›Er sagte zu mir, dass die Karikaturen alle Muslime beleidigen würden. Ich antwortete, ich sei nicht beleidigt. Worauf er erwiderte: ›Aber du bist kein echter Muslim.‹ So betrachtet zeichnet sich ein echter Muslim vor allem dadurch aus, dass er sich durch die Karikaturen beleidigt fühlt. Sobald muslimische Authentizität so definiert wird, können nur noch Gestalten wie Abu Laban als echte Muslime gelten.«[11]

Auf die Essenz reduzieren, homogenisieren, uniform oder eindimensional machen – das ist das typische Vorgehen der Fundamentalisten, und wir dürfen uns nicht auf ihr Spiel einlassen, indem wir ebenfalls zum Narrativ eines monolithischen Islam beitragen. Es ist nicht ungewöhnlich, dass unsere kritische Analysefähigkeit, also die Fähigkeit, Unterschiede und Nuancierungen auszumachen, zu trennen und zu differenzieren, angesichts wohlbekannter Phänomene ausgefeilter ist. Es ist auch nicht ungewöhnlich, dass bei kulturell und geografisch weiter von uns entfernten Gegenständen mit zunehmender Distanz auch die Schärfe der Umrisse abnimmt, dass wir dazu neigen, zu vereinheitlichen, zu homologisieren und alles über einen

Kamm zu scheren. Es ist nicht ungewöhnlich, es ist sogar ganz normal, aber es ist nicht gerechtfertigt. Am allerwenigstens gegenüber dem Islam, der nicht mehr weit von uns entfernt, sondern ein Teil von uns geworden ist. Das macht es unerlässlich, ihn in seinen diversen Ausformungen kennenzulernen.

Als Recep Tayyip Erdoğan 2017 in der Türkei ein Verfassungsreferendum forderte, an dem auch die im Ausland lebenden türkischen Staatsbürger teilnehmen konnten, haben in Deutschland weniger als die Hälfte der Wahlberechtigten ihre Stimme abgegeben. Unter den Wählenden war allerdings der Prozentsatz der Befürworter von Erdoğans Reform erschreckend hoch.[12] Für Can Dündar[13] bedeutet das einerseits, dass die Mehrheit der in Deutschland lebenden Türken vollkommen integriert ist und sich nicht aufgerufen fühlt, am politischen Leben des »Mutterlands« teilzunehmen. Andererseits jedoch, dass die gut organisierte und militante Minderheit der Türken konservativ und reaktionär ist. In solchen Situationen muss auch die schweigende Mehrheit eine historische Verantwortung übernehmen und darf sich nicht einfach mit einem Schulterzucken abwenden.

Gesellschaftliche Prozesse sind immer Ergebnis eines Wechselspiels zwischen strukturellen Bedingungen und subjektiver Handlung. Daher ist von essenzieller Bedeutung, dass die laizistischen Muslime sich anschließen, sichtbar werden, auf die Straße gehen und anfangen, den öffentlichen Diskurs zu beeinflussen. Es geht nicht darum, sich von irgendetwas zu distanzieren, sondern darum, einen öffentlichen und kulturellen Raum einzunehmen, der andernfalls von militanteren Vertretern in Beschlag genommen wird, und die sind in aller Regel konservativ und reaktionär. Es geht darum, das Gemeinwohl zu pflegen, den anderen die kulturelle Vorherrschaft (wieder) zu entziehen, sich der Verantwortung zu stellen, Teil einer großen politischen Gemeinschaft zu sein, nicht bloß der eigenen Familie und des eigenen Clans.

Die Sichtbarkeit und das politische Gewicht der laizistischen Muslime in westlichen Gesellschaften sind nach wie vor zu gering. Das führt dazu, dass sich als politische Gesprächspartner die deutlich konservativen muslimischen Vereinigungen ins Spiel bringen und sich dann selbst zu den Vertretern aller Muslime ausrufen.

Ein Beispiel dazu zeigt sich an einer Demonstration. Nach dem Londoner Attentat am 3. Juni 2017, bei dem acht Menschen ermordet und 48 verletzt wurden, unterstützte die deutsche Soziologin Lamya Kaddor, eine geachtete Islamforscherin und Gründungsvorsitzende des Liberal-Islamischen Bundes e. V., eine in Köln stattfindende Demonstration gegen den Terrorismus, die unter dem Motto »#NichtMitUns – Muslime und Freunde gegen Gewalt und Terror« stand. Wie Kaddor erläuterte, handelte es sich dabei nicht um die Aufforderung, sich vom Terrorismus zu *distanzieren*, sondern um eine Aufforderung, *gegen* den Terrorismus *Stellung zu beziehen*. Die Demonstration war ein regelrechter Reinfall.[14] Zahlreiche Muslime haben ihre Abwesenheit ausgerechnet mit dem Argument begründet, »Ich will mich nicht rechtfertigen müssen, bloß weil ich Muslim bin«. Wie dieses Argument verdeutlicht, haben wir noch nicht das nötige Maß an Bewusstsein und Reife erreicht, um zu begreifen, dass man seine Haltung gegenüber Problemen, die einen unmittelbar betreffen, obwohl man nicht dafür verantwortlich ist, öffentlich zum Ausdruck bringen muss, weil das in erster Linie ein Signal für diejenigen ist, die unser Schweigen ausnutzen, in diesem Fall islamische Fundamentalisten. Es ist kein Zufall, dass die DiTiB, der mächtige

Verband türkischer Muslime in Deutschland, damals dazu aufrief, die Demonstration zu boykottieren.[15]

Dieser Mechanismus – »Es ist nicht meine Schuld, ich muss mich nicht rechtfertigen« – ist eine typische Haltung, der man auch in anderem Zusammenhang begegnet. In Sizilien kam er jahrelang zum Einsatz, um das Schweigen bezüglich der Mafia zu rechtfertigen, in das der Großteil der Sizilianer sich hüllte. Sie sind selbst keine Mafiosi, aber mit ihrem Schweigen schufen sie genau die richtigen Bedingungen für das Florieren der Cosa Nostra. Erst nach den Attentaten von 1992[16] hat man eingesehen, dass es nötig war, auf die Straße zu gehen und im Wortsinn die eigene Haltung zu *demonstrieren*, zur Schau zu stellen, weniger dem Rest der Welt, als den Mafiosi: »Wir sind nicht wie ihr, und wir werden euch nicht erlauben, unsere Heimat zu erniedrigen. Wir sind nicht eure Komplizen, auch unser Schweigen ist es nicht.« Ein Mafioso verlangt nämlich gar nicht, dass sich alle der Cosa Nostra verschreiben, es genügt ihm vollkommen, dass Außenstehende wegschauen und ihn einfach machen lassen. Wer die Augen offen hält, wer »spitzelt«, wer sich zu einem »'nfami« macht, einem Ehrlosen nach Mafiastandards, wer sich nicht versteckt, sondern zu erkennen gibt, der wirft Sand ins Getriebe der mafiösen Maschinerie und stört das Gleichgewicht, in dem die Mafia gedeiht.

Ein weiteres Beispiel ist die Gewalt gegen Frauen. Es ist zum Haareraufen, ständig wiederholen zu müssen, dass natürlich nicht alle Männer gewalttätig sind, aber dass genauso offensichtlich alle Männer mitverantwortlich sind, wenn sie ein Klima zulassen, in dem Vorurteile unhinterfragt bestehen können und aus dem die Gewalt sich entwickelt. Von Männern wird also verlangt, sich bewusst zu machen, dass es ein Geschlechterproblem gibt, ein Problem, das *ihr* Geschlecht betrifft, und dass sie sich zu Komplizen machen, wenn sie nicht an vorderster Front aktiv dafür eintreten, diese Kultur zu verändern. Die Komplizenschaft fängt schon damit an, einen sexistischen Scherz zu machen oder darüber zu lachen. Auch in diesem Fall ist die Aufforderung nicht, sich von den gewalttätigen Männern zu distanzieren – was viel zu einfach wäre –, sondern die eigene Rolle zu hinterfragen, sichtbar zu werden, sich zu Wort zu melden, um die Gewalttätigen zu isolieren und ihnen das Gefühl zu nehmen, akzeptiert zu sein. Verantwortung kann aus Schuld erwachsen, aber auch aus Unterlassung.

Ein Gespenst geht um in Europa – das Gespenst der Islamophobie

Im Abschnitt »Privilegien der Religionen« wurde gezeigt, dass eines der größten Privilegien der Religionen in ihrem Anspruch auf »Respekt« besteht, einen Respekt, der sich allzu häufig als vorauseilende (Selbst-)Zensur jedweder Kritik an der Religion manifestiert. Auf dieser Form der Hochachtung bestehen alle Religionen gleichermaßen. Doch während die Kritik an der katholischen Kirche und am Christentum allgemein, gestärkt durch jahrhundertelange Auseinandersetzungen im Zeichen der Laizität, inzwischen als legitim anerkannt ist, wird die Kritik am Islam häufig mit dem ebenso generischen wie instrumentalisierten Vorwurf der »Islamophobie« zum Schweigen gebracht, da es sich dabei um die Religion einer Minderheit in Europa handelt, die häufig rassistischer Diskriminierung ausgesetzt ist.

Der Council of Ex-Muslims of Britain (CEMB), gegründet von der Aktivistin Maryam Namazie, die iranische Wurzeln hat, steht Personen aus mehrheitlich muslimischen Ländern offen, die dem Islam den Rücken gekehrt haben (oder nie muslimisch waren) und die weltweit für das Recht auf freie Meinungsäußerung und die Abschaffung von Apostasie als Straftat kämpfen. Am 8. und 9. Juli 2017 haben einige CEMB-Aktivisten an der Londoner Gay Pride teilgenommen und dabei Slogans zur Schau gestellt wie »Allah is gay«, »Celebrating Apostasy« und »End islamic hatred + violence to gays«.[17] Einige dieser Plakate richteten sich gegen eine Londoner Moschee, die East London Mosque, der direkt vorgeworfen wird, »zum Mord an LGBT aufzuhetzen«. Laut Aussagen der Moschee trügen genau diese Plakate zur Islamophobie bei.

Der CEMB hat seine Vorwürfe bekräftigt und daran erinnert, dass die Moschee in der Vergangenheit Hassprediger eingeladen habe, die explizit zur Verfolgung von Gotteslästerern, Apostaten und LGBT aufgerufen hätten. Vor allem stritt er den Vorwurf der »Islamophobie« ab. Dieses Wort werde einer Pressemeldung des CEMB zufolge »eingesetzt, um die Kritik an einem Glaubenssystem (dem Islam) und an der religiösen Rechten (dem Islamismus) verfälschend zu vermengen mit religiöser Intoleranz gegenüber einer Gruppe von Personen (den Muslimen)«.[18] Da die Mitglieder des CEMB großenteils aus mehrheitlich muslimischen Ländern stammen, werden sie selbst häufig Opfer rassistischer Übergriffe, was den Vorwurf, selbst Islamophobie schüren zu wollen, ironisiert.[19]

Nach den Protesten der Moschee kündigten die Pride-Organisatoren in einem Brief an den CEMB Untersuchungen an, um zu prüfen, ob die zur Schau gestellten Spruchbanner teilweise gegen den Verhaltenskodex der Veranstaltung verstoßen haben könnten. Sie behielten sich vor, die Organisation 2018 von der Pride auszuschließen, wozu es letzten Ende erfreulicherweise nicht kam. Doch allein die Tatsache, dass diese Sanktion zur Debatte stand, verdeutlicht, welche Stimmung herrscht, wenn es zu Kritik gegen den Islam kommt.

Das ist nur eines von vielen Beispielen zur instrumentalisierten Verwendung des Islamophobievorwurfs. Scharfe Kritik üben zu dürfen, nicht bloß an der politischen Verwendung von Religion, sondern auch an der jeweiligen Religion an sich oder an Religion im Allgemeinen, ist ein Menschenrecht und darf nicht ohne weiteres gleichgesetzt werden mit einem Aufruf zur Intoleranz gegenüber ihren Anhängern.

Um den instrumentellen Charakter des Wortes »Islamophobie« zu erfassen, genügt ein simples Experiment. Ersetzen wir das Wort »Islam« durch »Christentum« und warten mal, was passiert. Auf Prides sieht man seit jeher aggressiv antireligiöse und blasphemische Schilder und Slogans, was die (christliche) Kirche gewiss nicht erfreut. Man kann diese Slogans unangebracht, unangemessen, geschmacklos und noch vieles mehr finden, aber bisher wurde noch niemand, der sie präsentiert hat, der »Christianophobie« bezichtigt, des Hasses gegenüber Christen, *bloß weil sie Christen sind*.

Das Wort »Islamophobie« ist nach dem Muster von »Homophobie« konstruiert, welches wiederum Hass gegenüber homosexuellen Personen ausdrückt. Ali A. Rizvi, der Autor von *The Atheist Muslim*, schreibt dazu in der *Huffington Post*: »Unsere kritischen Äußerungen sind kein Angriff auf Personen. Sie stellen infrage, was wir als schlechte *Gedanken* erachten, die schlechtes Verhalten nach sich ziehen. Wenn man sagt ›Rauchen ist schlecht‹ ist das nicht gleichbedeutend mit ›Alle Raucher sind schlechte Menschen‹.«[20]

Wenn der CEMB die East London Mosque beschuldigt – und das zugegeben vehement, aber nicht ohne Grund –, die Verfolgung Homosexueller gutzuheißen, dann ganz sicher nicht aus »Islamophobie«, also aufgrund einer beinahe paranoiden und ungerechtfertigten Besessenheit gegen Personen muslimischen Glaubens, sondern weil die Moschee wiederholt Prediger eingeladen hat, die in ihren

Gottesdiensten zu Hass gegen Homosexuelle aufgerufen haben. Auf die begründeten Vorwürfe des CEMB hätte die Moschee mit einer Anzeige wegen Verleumdung reagieren können, statt die Diskussion mit dem Islamophobievorwurf auf eine andere Ebene zu verschieben.

Diejenigen, die die Homophoben in den Reihen der Muslime anprangern, zu beschuldigen, Hass gegen Muslime zu schüren, weil sie Muslime sind, ergibt offensichtlich keinen Sinn. Würde ich behaupten, Buttiglione, Adinolfi oder Giovanardi[21] seien homophob, würde mich deswegen niemand der »Christianophobie« bezichtigen – bezeichnenderweise gibt es das Wort nicht einmal. Das liegt jedoch daran, dass Kritik am Christentum als legitim gilt, was selbstverständlich nicht bedeutet, dass man mit dieser Kritik einer Meinung ist, sondern dass man den Kritikern ihr Recht auf diese Kritik zuerkennt.

Der Islamophobievorwurf wird als »weapon of mass distraction« (Massenablenkungswaffe) eingesetzt, gerne in Kombination mit »aber auch«: Sicher, es gibt Homophobe unter den Muslimen, »aber auch« wir Nichtmuslime haben ein großes Homophobieproblem. Was genau soll eine solche Argumentation bezwecken? Vielleicht soll das heißen, dass »wir«, weil »auch wir« dasselbe Problem haben, kein Recht haben, »die anderen« zu kritisieren? Eine solche Argumentation lässt einen unbewussten Rassismus aufscheinen, der zwischen »uns« und »den anderen« unterscheidet. Sobald allerdings »die anderen« hier leben, unter und mit »uns«, sind sie nicht mehr »die anderen«, sondern sind ein Teil des kollektiven »wir«, aus dem die politische Gemeinschaft besteht – die politische, nicht die identitäre, nicht die religiöse, nicht die ethnische Gemeinschaft –, die politische Gemeinschaft, die auf einem Pakt des Zusammenlebens beruht.

Wird der Islamophobievorwurf blindlings und wahllos hervorgebracht, verliert man zudem die wahren Islamophoben aus den Augen, die es schließlich tatsächlich gibt, nämlich alle, die Muslime ihres Muslimseins wegen hassen.

Mit dem Wort »Islamophobie« macht man aus dem Islam ein Subjekt, das an sich schon schutzwürdig ist. Aber Rechtssubjekte können nur Personen sein, nicht Religionen oder Ideen. Das Paradox besteht darin: Verschiebt man den Fokus von den Personen auf die Religion, der sie angehören, werden diese Personen schutzwürdig aufgrund ihrer Religion, also in ihrer Rolle als Muslime, Christen und so weiter, und nicht, weil sie Personen sind. Dieser Ansatz führt dazu, dass alle Personen aus muslimischen Ländern, die selbst keine Muslime sind, auf einmal weniger Schutz verdienen. Das erfahren die zahlreichen atheistischen und ausgetretenen Flüchtlinge Tag für Tag am eigenen Leib, die sich in den Auffanglagern häufig denselben Formen der Diskriminierung ausgesetzt sehen, vor denen sie aus ihren Heimatländern geflohen sind.[22]

Sie alle in die Kategorie der Islamophoben zu packen – einerseits die Rassisten und Fremdenfeindlichen, die es auf Muslime abgesehen haben, weil sie Muslime sind, und andererseits die Verfechter einer Kritik an allen Religionen im Namen der universalen Prinzipien von Demokratie, Gleichheit und der Menschenrechte –, sie über einen Kamm zu scheren ist ein zutiefst ungerechter, intellektuell unaufrichtiger Schachzug, der vor allem extrem gefährlich ist und in erster Linie den Rassisten in die Hände spielt. Wo es noch nachvollziehbar ist, dass eine derartige Taktik von Fundamentalisten angewandt wird, die nur davon profitieren können, alles auf eine Frage des Rassismus zu reduzieren, ist es schon weitaus weniger verständlich, wenn sich gewisse

Intellektuelle vor diesen Karren spannen lassen, die sich selbst als progressiv und links bezeichnen. Generell darf die Existenz von fremdenfeindlichen, rassistischen und antiislamischen Bewegungen nicht zu einem Alibi werden, um jede Kritik am Islam im Keim zu ersticken.

Roy baut sein gesamtes Buch *La laïcité face à l'islam* auf der These auf, dass Wellen von Islamophobie die französische Gesellschaft durchziehen, zu denen einerseits wahre Islamophoben beitrügen – also Rassisten vom Kaliber einer Marine Le Pen –, zum anderen alle, Linke eingeschlossen, die an Multikulturalismus und Kommunitarismus Kritik übten und das laizistische Profil der Republik verteidigten. Roy spricht ausdrücklich von einer »heiligen laizistischen Allianz«[23], in der die christliche Rechte – ohne dass klar wird, was an dieser laizistisch sein soll – und der Teil der Linken zusammengefasst wäre, der »sich empört, wenn die Kinder von Einwanderern eine islamische Identität zur Schau stellen«[24]. Vereinendes Element seien ihre islamophoben Einstellungen.

Dumm nur, dass es sich ganz und gar nicht so verhält, da es genau diese von Roy der Islamophobie bezichtigte Linke ist, die die Laizität an allen Fronten verteidigt, auch an der christlichen (bisher sogar fast ausschließlich an dieser),[25] sodass sie mit der Rechten gar nichts gemein hat. Roy selbst bestätigt das: »Das Phänomen der [christlichen] Sekten beunruhigt die französische Gesellschaft, und die Versuchung, mit Gesetzen dagegen vorzugehen, ist genauso groß wie in Bezug auf den Islam. Die Vorbehalte gegenüber dem Islam fügen sich hier nahtlos in die Kontinuität eines Misstrauens gegen die Religion ein.«[26] Schon diese simple Aussage reicht vollkommen aus, um die Vorstellung auseinanderzunehmen, dass linke Islamkritiker von Antiislamismus besessen seien.

Vielmehr ist es so, dass im progressiven Umfeld zunehmend ein gefährliches Tabu rund um den Islam entsteht, dessen Opfer vor allem die Muslime selbst sind. Sie laufen Gefahr, ebenfalls als »islamophob« abgestempelt zu werden, wenn sie es wagen, bestimmte Dogmen und Praktiken der eigenen Religion zu hinterfragen.

Die »Kopftuchfrage« – worum es nicht geht

Eines der Themen, das bei den Linken vor allem Gefahr läuft, tabuisiert zu werden, ist zweifelsohne die »Kopftuchfrage«. Als Reaktion auf den fremdenfeindlichen und rassistischen Schub in Europa, aber auch aufgrund eines gewissen Kolonialismuskomplexes neigt man häufig dazu, die Frage des Verschleierung abzutun, als gäbe es keinen Diskussionsbedarf. Das wird noch verstärkt, indem der gesamte Komplex oftmals auf das Dilemma »verbieten oder nicht verbieten« reduziert wird. So wird eine äußerst komplexe Fragestellung künstlich simplifiziert, die eigentlich, um kritisch angegangen werden zu können, in ihre diversen Bestandteile zerlegt werden müsste. Gehen wir also der Reihe nach vor und räumen direkt ein paar Missverständnisse aus dem Weg, die bloß die Debatte vergiften und unter allen Teilnehmenden verbreitet sind, ungeachtet ihrer Standpunkte.

Erstens ist die »Kopftuchfrage« in Wahrheit gar keine Frage des »Kopftuchs«. Anders gesagt, es handelt sich nicht – alles andere wäre auch lächerlich – um ein Problem des Dresscodes, es geht nicht um ein Kleidungsstück, um mehr oder weniger farbenfrohe Stofffetzen, die kunstvoll um weibliche Köpfe geschlungen werden. Die Diskussion um das Kopftuch und den Schleier ist notwendig, gerade weil es sich *nicht* um ein einfaches Stück Stoff handelt, weil es nicht »bloß« ein traditionelles Kleidungsstück ist, sondern weil der Schleier eine konkrete Bedeutung hat. Über diese Bedeutung muss gesprochen werden, und angesichts dieser Bedeutung scheiden sich die Geister; das Textil ist nebensächlich.

Reduziert man die Frage auf »Verbot ja oder nein«, betrachtet man im Grunde nur das materielle Objekt, ohne seine Semantik in den Blick zu nehmen. Man beruft sich instrumentalisierend auf die individuelle Freiheit, anzuziehen, was man will, als handelte es sich um ein x-beliebiges Produkt der Konsumindustrie. Oder man beschwört, umgekehrt, nicht näher ausgeführte und häufig nicht existente Sicherheitsgründe, um es rundheraus zu verbieten. Die bloße Berufung auf die individuelle Freiheit, ohne vorher einen Prozess der kritischen Betrachtung zu durchlaufen, führt nur zu Widersprüchlichkeiten. Darum soll es im nächsten Abschnitt gehen. Spiegelbildlich verhält es sich mit dem Verweis auf Sicherheitsbedenken, der seine Berechtigung eigentlich nur bei Verschleierungen wie der Burka oder dem Nikab hat, die das ganze Gesicht bedecken und die in Europa (noch) wenig verbreitet sind. An allen anderen Varianten der »Verschleierung« bröckelt er ab.

Das Problem der Verschleierung auf eine Frage der Kleidung oder der Sicherheit reduzieren zu wollen ist nicht nur lächerlich, sondern auch verletzend für alle, die aus religiösen Gründen ein Kopftuch tragen. Über eine regelrechte Flut anderer Kleidungsstücke wird gar nicht diskutiert, auch wenn sie viel extravaganter sind, wie etwa der schottische Kilt oder die formenreichen Kopfbedeckungen vieler afrikanischer Frauen. Was zur Debatte steht, ist nämlich nicht das Objekt, sondern seine Bedeutung.

Die zweite Klarstellung ist, dass der Schleier nicht wegen seiner islamischen Herkunft diskutiert wird – zumindest nicht hier und nicht vom Standpunkt einer progressiven

Kritik aus –, und das aus zwei Gründen, einem faktischen und einem prinzipiellen. Zunächst zum faktischen: Zwar tragen in westlichen Gesellschaften heutzutage hauptsächlich muslimische Frauen Kopftuch, dennoch ist das Kopftuch kein Alleinstellungsmerkmal des Islams, sondern Teil zahlreicher, teilweise noch älterer Kulturen und Religionen, die christliche eingeschlossen.[27] Der zweite Grund, die Prinzipienfrage, hängt damit zusammen, dass für die öffentliche Debatte die Bedeutung des Schleiers relevant ist. Ob er in einer, einigen oder allen Religionen und Kulturen verbreitet ist, spielt aus laizistischer Sicht nicht die geringste Rolle. Der Schleier wird hier zu einer »Frage«, weil er Träger einer ganz bestimmten Bedeutung ist, egal ob in muslimischer, christlicher oder sonst einer Tradition. Dass der Schleier und das Kopftuch nicht bloß zum Islam gehören, ist also nicht ein Grund weniger, sondern ein Grund mehr, öffentlich über seine Bedeutung und sein performatives Potenzial in Bezug auf den öffentlichen Raum zu diskutieren, das Epochen, Kulturen und Grenzen überschreitet.

Mit diesem Missverständnis aufzuräumen soll auch verhindern, dass man der Versuchung nachgibt, die Debatte um den Schleier unter Rassismus oder Islamophobie abzulegen. Wenn der Schleier nicht exklusiv zum Islam gehört, kann man seine Bedeutung hinterfragen, ohne dass das irgendetwas mit einer vorurteilsbehafteten und befangenen Haltung gegenüber einer spezifischen Religion zu tun hätte, sondern höchstens mit einer kritischen Betrachtung derjenigen kulturellen Elemente, die diversen Religionen gemein sind. Ganz nebenbei wird damit auch das »Argument« ausgehebelt, dem zufolge wir »Westlichen« (was auch immer das bedeuten soll) kein Recht hätten, darüber zu sprechen, weil es sich angeblich um etwas handele, von dem wir nichts verstünden. Unnötig zu erwähnen, dass es dennoch Rassisten und Islamophobe gibt, die mit Schleier und Kopftuch ein Problem haben, weil sie sie als muslimisch betrachten. Das sollte jedoch vielmehr ein zusätzlicher Grund sein, um solche Gestalten – die sich nicht nur als Rassisten zu erkennen geben, sondern auch noch als ungebildet, da schließlich, wie gesagt, der Schleier auch Teil »ihrer« christlichen Tradition ist – zu unterscheiden von all jenen, die sachliche Kritik an der Bedeutung der Verschleierung äußern.

Gleichzeitig jedoch darf die Tatsache, dass sich im heutigen Europa das Problem der Verschleierung im Wesentlichen im Zusammenhang mit dem Islam stellt, nicht zu einem Grund dafür werden, es nicht kritisch angehen und nicht öffentlich darüber diskutieren zu können – unter dem Deckmantel der Rücksicht gegenüber einer noch minderheitlichen Religion. Tatsächlich werden Islam und Schleier interessanterweise gerade von denjenigen gleichgesetzt, die seine Verwendung verteidigen. Dahinter steht die Hoffnung, auf diese Weise die ganze Fragestellung der öffentlichen Debatte zu entziehen und unter der Rubrik »Religionsfreiheit« zu verbuchen.

Das nächste Missverständnis, das geradegebogen werden soll, lautet, dass es sich bei der »Kopftuchdebatte« um eine europäische Besonderheit handelte. Auch dahinter verbirgt sich der Versuch, das ganze Problem mit einem Tabu zu belegen – wir »Westlichen« sollen uns dazu nicht äußern. Dabei wird diese Angelegenheit seit Jahrhunderten in allen Gesellschaften vehement diskutiert, in denen Verschleierung zum Einsatz kam und kommt; die muslimischen stellen da keine Ausnahme dar.[28]

Es ist also nicht wahr, dass der Schleier nur in Europa zum Problem aufgebauscht würde, während man überall sonst auf der Welt kein Aufhebens darum machte. Vielmehr kann man sagen, dass man langsam *auch* in Europa darüber zu reden beginnt, da es sich um eine Praxis handelt, die von der katholischen und christlichen Kultur im Westen mit der Zeit abgelegt wurde und jetzt, durch die wachsende Zahl muslimischer verschleierter Frauen, sich wieder stärker ausbreitet.

Es sollte eigentlich keiner Klarstellung bedürfen, aber vermutlich darf man leider doch nicht darauf verzichten: Eine Kritik am Kopftuch und an seiner Bedeutung heißt nicht, dass man mit dem Finger auf die verschleierten Frauen zeigt. Ganz im Gegenteil geht es vielmehr darum, eine Praxis, die man als diskriminierend erachtet, und ihre Rechtfertigungen zu hinterfragen. Das sind zwei ganz und gar unterschiedliche Dinge, denn zwischen sachlicher Kritik und persönlichen Attacken liegen Welten. Beides zu vermengen, ist unaufrichtig.

Kopftuch und Entscheidungsfreiheit

Häufig reduziert man die Debatte über den Schleier auf die Frage, ob er freiwillig getragen wird oder nicht. Verschleiere man sich aus freier Entscheidung, ohne Zwang, dann, so die Argumentation, gebe es kein Problem und nichts zu diskutieren. Das ist jedoch nur ein Kniff, um die Frage zu umgehen, und das aus zwei Gründen. Erstens muss man verstehen, was in diesem Zusammenhang »Entscheidungsfreiheit« bedeutet, »Selbstbestimmung« und »Zwanglosigkeit«. Und selbst wenn alle Bedingungen – und das sind nicht wenige – für eine wirklich freie Entscheidung erfüllt sind, muss man zweitens nach wie vor über die Bedeutung des Schleiers und seine »Rolle« in der Öffentlichkeit diskutieren.

Eine Umfrage unter Hausfrauen in den fünfziger Jahren hätte wahrscheinlich ergeben, dass die große Mehrheit von ihnen nach eigener Aussage mehr als zufrieden sei, nicht arbeiten gehen zu müssen, von niemandem gezwungen werde, zu Hause zu bleiben, und aus »freier Entscheidung« die Rolle der Hausfrau übernehme. Angesichts solcher Aussagen von tatsächlich Betroffenen, deren Aufrichtigkeit man nicht anzweifeln darf, welches Recht hätte man da, dieses Familien- und Gesellschaftsmodell zu hinterfragen, das sich jahrhundertelang bewährt hat? Es liegt auf der Hand, dass die subjektive Wahrnehmung des Grads der eigenen Freiheit und Autonomie, ja sogar des persönlichen Glücks uns so gut wie nichts über die objektiven Bedingungen verrät, unter denen eine Person ihre Entscheidungen trifft.

Eine klare Unterscheidung zwischen Wohlstand und Glück geht auf Amartya Sen zurück.[29] Auch wenn jede und jeder subjektiv betrachtet nach ihrem und seinem Glück strebt – und der Weg dorthin aufgrund komplizierter psychologischer Mechanismen auch durch Umstände der Unterdrückung und Unterwerfung führen kann, die hingenommen werden –,[30] ist das, was wirklich zählt, aus der Sicht des öffentlichen Diskurses und der politischen Entscheidungen, das Zusammenspiel aus materiellen und immateriellen Umständen, unter denen eine Person ihre Entscheidungen trifft.

Das Argument »Keiner zwingt mich, ich tue das aus freien Stücken« ist für sich allein genommen folglich nicht ausreichend. Damit diese Freiheit auch so authentisch wie möglich ausfällt, müssen einige Voraussetzungen erfüllt sein, angefangen bei der Bildung. Wird man von klein auf so erzogen, als gäbe es nur einen einzigen Sinnhorizont, kann es extrem schwierig sein, sich im Erwachsenenalter davon zu befreien. Wenn sich beispielsweise die allermeisten Italiener als »katholisch« bezeichnen, so kann man das schwerlich eine authentisch freie Entscheidung nennen. Sie sind seit dem zartesten Kindesalter indoktriniert und so aufgezogen worden, als gäbe es nur den Sinnhorizont der katholischen Kirche, die im Leben der Kinder einen enormen Platz einnimmt. Man denke nur an den »catechismo«, einen Kommunionsunterricht, zu dem die Kinder häufig regelrecht gezwungen werden. Dann ist da der Religionsunterricht in der Schule, der, wie bereits erwähnt, eine konfessionelle Unterweisung darstellt, weil er – ungeachtet des möglicherweise guten Willens oder der Weltoffenheit der Lehrer – laut Gesetz mit der Kirchendoktrin konform sein muss.[31] Wer sich im Erwachsenenalter davon entfernt, zahlt häufig einen hohen Preis in Form von gesellschaftlichen und familiären Zerwürfnissen oder persönlichen Konflikten. Die gleiche Argumentation greift auch bei Schleier und Kopftuch. Ein Mädchen, das im Alter von sieben oder acht Jahren anfängt, Kopftuch zu tragen, wird sich als Erwachsene sehr schwertun, auf einmal damit aufzuhören. Die junge Frau wird ganz selbstverständlich die Meinung vertreten, dass niemand sie dazu zwinge – und das stimmt –, dass es ihre freie Entscheidung sei.

Kürzlich wurde in Österreich das Tragen des Kopftuchs in Kindergärten und Grundschulen verboten. Man kann sich darüber streiten, ob ein gesetzliches Verbot das beste Mittel ist, unbestreitbar ist jedoch, dass es im Fall von Kindern keinerlei Sinn ergibt, von »freier« Entscheidung zu sprechen. »Was ist daran freiwillig«, fragt sich der muslimische Theologe Mouhanad Khorchide, »wenn dem jungen Mädchen gesagt wird: ›Gott liebt nur die Mädchen, die Kopftuch tragen, und jetzt entscheide du, ob du willst, dass Gott dich liebt oder nicht‹, ›Mädchen, die kein Kopftuch tragen, wird Gott ihre Haare in der Hölle verbrennen, und nun entscheide selbst, ob du ein Kopftuch tragen willst‹, ›ein kopftuchtragendes Mädchen ist viel anständiger als eines ohne Kopftuch, also entscheide dich‹ usw.«[32] Selbstverständlich funktioniert in dem Alter emotionale Erpressung viel besser als jeder physische Zwang.

Was wir allen Kindern, allen, ohne Ausnahme, gewährleisten müssten, ist eine Erziehung und Ausbildung, die so laizistisch und kritisch wie nur irgend möglich gestaltet ist. Damit ihre Entscheidungen als Erwachsene, im Rahmen des menschlich Möglichen, nicht nur frei von physischen Zwängen sein können, sondern auch von Konditionierungen, die über Jahre eingeschliffen wurden. Wir sollten ein Bildungssystem gestalten, in dem autonome Entscheidungen nicht heldenhafte Rebellionen sein müssen, sondern ganz natürlich aus einem Prozess der Reife und des Wachstums folgen.

Alle, denen die freie Wahl der Religion am Herzen liegt, vor allem aber auch jene Frauen, die das Tragen des Kopftuchs als Ausdruck ihrer Freiheit verteidigen, sollten in der ersten Reihe stehen, wenn es darum geht, eine öffentliche und laizistische Schule zu verfechten, im Kampf um die Abschaffung des Religionsunterrichts und für ein Verbot, Minderjährigen religiöse Praktiken und Symbole aufzuzwingen. Kinder dürfen nicht zu einem Mittel für den Ausdruck der religiösen Überzeugung ihrer Eltern werden. Einfach davon auszugehen, dass man den Glauben genauso »vererbt« bekomme wie die Augenfarbe, stellt eine schwerwiegende Beschneidung der Freiheit und der Autonomie von Kindern dar.

Seyla Benhabib kommentiert einige Fälle, in denen Schülerinnen in Frankreich auf ihrem Recht bestanden, auch in der Schule Kopftuch zu tragen, und schreibt: »Wir haben es offenbar mit der paradoxen Situation zu tun, dass der französische Staat mehr Autonomie und Egalitarisus diktiert, als die kopftuchtragenden Mädchen überhaupt gefordert haben«.[33] Das ist jedoch nicht paradox. »Eine größere Autonomie und eine größere Gleichheit« vorzuschreiben, als junge Menschen ganz allgemein anstreben – sei es aus Konformismus, aus Unreife, als Herausforderung oder aus tausend anderen Gründen –, gehört zu den Grundaufgaben der öffentlichen Schule. Sie zielt ausdrücklich darauf ab, alle Kinder, ungeachtet ihres sozialen, ökonomischen und kulturellen Hintergrunds, mit dem Handwerkszeug für die eigene Emanzipation auszustatten. In den Problemvierteln der Großstädte Süditaliens gehen mutige Lehrer, wahre Helden der Republik, notfalls von Tür zur Tür, um die Kinder der am stärksten benachteiligten Familien abzuholen, wenn diese, aus den unterschiedlichsten Gründen, manchmal aufgrund hoffnungsloser Armut, nicht zur Schule geschickt werden. Die Bildung unserer Kinder hat absolute Priorität, nichts ist wichtiger. Es ist kein Zufall, dass gerade öffentliche Schulen zu den bevorzugten Zielen eines jeden Fundamentalismus gehören.

Also, wie gesagt, nichts daran ist paradox. Es handelt sich genau um das, was die öffentliche Schule tun muss und ständig tut, auch in anderen Bereichen. Die Schulpflicht an sich stellt eine schwerwiegende Einschränkung der familiären Erziehungsfreiheit dar – auf die sich denn auch nicht umsonst häufig fundamentalistische religiöse Gruppen berufen, angefangen bei den ultrakatholischen wie Opus Dei. Vielmehr ist es paradox, die Religionsfreiheit und die Rücksichtnahme auf andere Traditionen als Vorwand zu nehmen, um »eine kommunitaristische oder familiäre Vormundschaft«[34] über die Kinder abzusegnen. Der springende Punkt ist offensichtlich folgender: Wenn die öffentliche Schule in ihrer emanzipatorischen Rolle »unsere« Traditionen und Kulturen hinterfragt, frohlocken die Progressiven; sobald jedoch Bräuche und Traditionen von Minderheiten auf dem Spiel stehen, schlägt der konditionierte »Kolonialismuskomplex« an und man gibt klein bei.

Selbst Nussbaum, der man gewiss keine antireligiöse Haltung nachsagen kann, gesteht ein: »Gesellschaften haben das Recht, darauf zu bestehen, dass alle weiblichen Kinder eine geeignete Erziehung und Beschäftigungsmöglichkeiten erhalten, die ihnen Fluchtmöglichkeiten aus den häuslichen Situationen eröffnen, die sie ablehnen.«[35] Setzte man das konsequent um, bedeutete das eine öffentliche, laizistische, kostenlose und verpflichtende Schulbildung für alle bis zu einem Alter von mindestens 16 bis 18 Jahren, kein Kopftuch, kein Kruzifix, auch sonst keinerlei religiöse Symbolik, kein konfessioneller Unterricht und so fort. Ob Nussbaum mit all dem einverstanden wäre, wage ich zu bezweifeln.

Die US-amerikanische Philosophin hält es für angemessen, dass der Staat religiösen oder traditionellen Praktiken Beschränkungen auferlegt in »Fällen, wo körperlicher und/oder sexueller Missbrauch vorliegt«, und »wenn das Verhalten für körperliche Gesundheit und Sicherheit ein großes Risiko darstellt«.[36] Mit diesem Argument rechtfertig sie das Einschreiten des Staates im Fall der Zeugen Jehovas, die ihren Kindern Bluttransfusionen verweigern. Ebenso »kann also mit Recht argumentiert werden, dass weibliche Genitalverstümmelung an Minderjährigen illegal ist, wenn sie sexuelles Vergnügen oder andere körperliche Funktionen schädigt«.[37] All diese Begründungen träfen jedoch nicht auf die Burka zu – es geht nach wie vor um Minderjährige –, die »nicht zur Kategorie der Genitalmanipulation [gehört], da sie nicht unumkehrbar ist und auch nicht die Gesundheit bedroht und körperliche Funktionen nicht beeinträchtigt – längst nicht so sehr, wie das für hochhackige Schuhe gilt«.[38]

Also ist, nach Nussbaums Folgerung, nicht nur das Kopftuch, sondern auch die Burka für Minderjährige vertretbar.

Damit lässt sie vollkommen außer Acht, dass neben den Folgen für die körperliche Gesundheit, die es durchaus gibt, eine solche Praxis, die den Mädchen von Kindesbeinen an aufgezwungen wird, großen Einfluss auf die Persönlichkeitsbildung und die psychologische Entwicklung haben kann.

Die Bedeutung des Kopftuchs und seine politische Verwendung

Selbst wenn sämtliche Bedingungen für eine freie Entscheidung erfüllt sein sollten, wären nicht alle Probleme im Zusammenhang mit dem Kopftuch gelöst. Wie bereits angedeutet, lässt sich die Kopftuchdebatte nicht auf eine Kleidungsfrage reduzieren, also auf die Freiheit, anzuziehen was man will. Das Problem, vor das uns das Kopftuch stellt, hat mit seiner Bedeutung zu tun, mit der Botschaft, die es mit sich bringt und der Welt buchstäblich vor Augen führt. Selbst Verteidiger der persönlichen Freiheit als legitimierender Grundlage jeder Entscheidung würden nicht *ausnahmslos jede* Entscheidung akzeptieren. Irgendeine normative Grenze gibt es immer, und wer eine bestimmte Entscheidung akzeptiert, tut das in der Annahme, dass sie positiv ist oder zumindest nicht derart negative Auswirkungen hat, dass sie unerwünscht ist. Kurz gesagt, selbst hinter der formalsten Verteidigung des Kopftuchs steht eine mehr oder weniger bewusste normative und grundsätzliche Annahme bezüglich der Bedeutung des Schleiers an sich.

Versuchen wir also zu erfassen, welche Bedeutung das genau ist und weshalb sie, von einem progressiven ethisch-politischen Standpunkt aus betrachtet, ernst zu nehmende Probleme aufwirft. Im ersten Korintherbrief schreibt Paulus: »Ich will aber, dass ihr wisst, das Christus das Haupt eines jeden Mannes ist; der Mann aber das Haupt der Frau; Gott aber ist das Haupt Christi. Ein jeder Mann, der betet oder prophetisch redet und hat etwas auf dem Haupt, der schändet sein Haupt. Jede Frau aber, die betet oder prophetisch redet mit unbedecktem Haupt, die schändet ihr Haupt; denn es ist gerade so, als wäre sie geschoren. Will sie sich nicht bedecken, so soll sie sich doch das Haar abschneiden lassen! Wenn es aber für die Frau eine Schande ist, dass sie das Haar abgeschnitten hat oder geschoren ist, soll sie sich bedecken. Der Mann aber soll sich das Haupt nicht bedecken, denn er ist Gottes Bild und Abglanz; die Frau aber ist des Mannes Abglanz. Denn der Mann ist nicht von der Frau, sondern die Frau von dem Mann. Und der Mann wurde nicht geschaffen um der Frau willen, sondern die Frau um des Mannes willen. Darum soll die Frau eine Macht auf dem Haupt haben um der Engel willen.«[39]

Der Körper der Frau als Träger der Sünde ist eine der großen Erzählungen, aufgrund deren sich über Jahrhunderte die kollektive Vorstellungswelt vieler Kulturen ausbildete.[40] Das eigene Haupt zu bedecken wird schon immer mit den Begriffen Sittsamkeit, Würde und Ehrenhaftigkeit in Verbindung gebracht. Die Frau ist Versucherin, Verführerin, daher muss ihr Körper verborgen und verdeckt werden, darf nicht zur Schau gestellt werden, um den Mann nicht in Versuchung zu führen, um seine Dämonen nicht zu wecken.

Wie gesagt, es stimmt zwar, dass das Kopftuch nicht immer Zwang ausdrückt und dass Frauen, die es aus freien Stücken tragen, keine Seltenheit sind, dennoch bleibt seine Bedeutung an das Konzept der Sittsamkeit gebunden. Die Kultur der Sittsamkeit und der Anständigkeit ist die Kehrseite der Medaille zur »Kultur der Vergewaltigung«. Wenn es notwendig ist, den eigenen Körper zu verhüllen, um nicht die männlichen Dämonen zu wecken, heißt das im Umkehrschluss, dass jede Frau, die ihren Körper nicht angemessen verhüllt, sich dazu bereit erklärt, die Folgen ihres Tuns zu erleiden. Im schlimmsten Fall werden auf diese Weise Belästigungen und Gewalt seitens der Männer rechtfertigt. Die Kultur der Sittsamkeit ist gleichzeitig auch die Kehrseite eines erbärmlichen Männerbildes, eines Wesens, das unfähig ist, die eigenen Triebe zu beherrschen und daher nicht für sein Handeln verantwortlich ist, wenn es in Versuchung geführt wird.

Das Kopftuch verweist darüber hinaus auf die Trennung der Geschlechter, und das auch dann, wenn es freiwillig getragen wird. In der muslimischen Tradition dürfen beispielsweise nur diejenigen Männer, die für eine Frau als *mahram* gelten, sie ohne Verschleierung sehen. Im Grunde umfasst das nur die engsten Verwandten. Vor allen anderen muss sich die Frau bedeckt halten. Daraus ergeben sich unzählige Konsequenzen, zum Beispiel die Forderung nach getrennten Öffnungszeiten für Männer und Frauen in Schwimmbädern.

Selbstverständlich kann jede Frau ihr Kopftuch persönlich »umdeuten«,[41] gleichzeitig kann sie jedoch nicht ignorieren, dass sie dennoch ein Symbol verwendet, das mit Geschichte und Bedeutung aufgeladen ist. Selbst die Tatsache, dass Frauen im Lauf der Geschichte das Kopftuch und den Schleier eingesetzt haben, um deren Bedeutung[42] infrage zu stellen, macht bloß deutlich, dass dieses »Stück Stoff« eben doch nicht nur ein einfaches Textil darstellt, sondern vielmehr Träger einer spezifischen Botschaft ist. Eine der Strategien, die Frauen in Situationen anwenden, in denen sie zur Verschleierung gezwungen werden, besteht darin, das »Stück Stoff« so anzulegen, dass es zu einem Instrument der Verführung wird. Somit wird es zum Gegenteil dessen verkehrt, was es ursprünglich sein sollte: eine erfindungsreiche, kreative Möglichkeit, den Zwang zu umschiffen, die die eigentliche Bedeutung des »Stück Stoffs« bestätigt.

Selbst wenn also alle Bedingungen für eine wirklich freie Entscheidung eingehalten werden, ist es aus laizistischer und progressiver Sicht nicht nur angebracht, sondern geradezu Pflicht, das Recht auf Bekämpfung des kulturellen Modells einzufordern, das hinter dieser Entscheidung steht. Die Überlegung lässt sich ohne weiteres auf die unterschiedlichsten Umstände übertragen, nicht bloß in Bezug auf das Kopftuch. Es steht zu vermuten, dass alle, die sich in grausamen heidnisch-christlichen Traditionen während der Osterwoche blutig geißeln, etwa in Süditalien, das vollkommen freiwillig tun. Häufig sind sie darauf sogar stolz. Das ändert jedoch nichts am Recht auf die Meinung, dass es sich dabei um barbarische Bräuche handelt, die als Ausdruck einer brutalen und archaischen Religiosität schlicht und einfach verboten gehören.

Es reicht nämlich nicht, zu sagen, jedem stehe es frei, zu tun was er oder sie will, denn unsere Entscheidungen tragen dazu bei, den öffentlichen Raum und den öffentlichen Diskurs zu gestalten. Das wiederum gibt jedem das Recht, sich »ungehörig« zu benehmen, wie Nussbaum sagen würde, und die eigene Nase in die Entscheidung der anderen zu stecken. Jeder Akt der Freiheit bringt eine entsprechende Verantwortung mit sich, während der ebenso generische wie oberflächliche Appell an die eigene Entscheidungsfreiheit – ohne sich der Frage der kollektiven Verantwortung im weitesten politischen Sinn zu stellen, die mit jeder unserer Entscheidungen einhergeht – zu einem individualistischen und egoistischen Freiheitsbegriff gehört, der die eigene Verantwortung gegenüber dem Rest der Gesellschaft ignoriert.

Ein weiterer Grund, weshalb die Praxis der Verschleierung in allen Formen hinterfragt werden darf, ist die Tatsache, dass sie dank ihrer »performativen«, prägenden Wirkung auf den öffentlichen Raum zunehmend zu einem politischen Instrument wird.

Schon immer haben sich politische Bewegungen jeder Art die performative Macht individueller Handlungen im öffentlichen Raum sehr bewusst zunutze gemacht. Sich öffentlich zu einer Abtreibung zu bekennen, als der Schwangerschaftsabbruch noch illegal war, die Gay-Pride-Paraden, die schlichte Geste seitens eines Schwarzen, Platz zu nehmen auf einem Sitz, der weißen Fahrgästen vorbehalten ist, in einem Bus der USA in den fünfziger Jahren – all das sind politische Akte, die über das bloße individualistische Einfordern der Freiheit, tun und lassen zu dürfen, was man will, hinausgehen. Allerdings ist der bewusste Einsatz der politischen Performativität von Gesten, die nur dem Anschein nach individueller Natur sind, bei allen politischen Bewegungen verbreitet, eben auch bei konservativen und reaktionären. Als die Entwicklungen um Eluana Englaro[43] ihren Höhepunkt erreichten, wurden Gebetswachen vor der Klinik organisiert, in der sie lag. Die Teilnehmenden brachten Wasserflaschen mit und stellten sie auf einer Mauer vor der Klinik ab. Eine Flasche voll Wasser mitzubringen und sie auf eine Mauer zu stellen ist nicht verboten, aber die politische Bedeutung der Geste war allen bekannt.[44]

So setzt auch der politische Islam die performative Macht in der Öffentlichkeit vollzogener Gesten äußerst bewusst ein. Politisch-religiöse Bewegungen, erklärt Jocelyne Cesari, »zielen gleichzeitig auf die Macht und auf die Resakralisierung des öffentlichen Raumes ab«.[45] Sie weist darauf hin, dass in Frankreich ein regelrechter »Islamisierungsprozess«[46] abläuft und dass das Tragen »islamischer« Kleidung ein Zeichen nach innen und nach außen darstellt.[47] Das bestätigt auch Ruba Salih: »Im Kampf für die Islamisierung der Gesellschaft gelten Frauen als fundamental, vor allem im Hinblick auf die Eindämmung der ›Verwestlichung‹, des ›Okzidentalisierungsprozesses‹. [...] Die Islamisierung einer Gesellschaft erfolgt über das Verhalten und die Kleidungsformen der Frauen, die zum Spiegel und Symbol eines islamischen Lebensstils werden«.[48] »Der politische Islamismus«, schreibt wiederum Nilüfer Göle, »stellt die laizistischen Grenzen der Öffentlichkeit in Frage, bricht ihre Homogenität auf und plant die Islamisierung der Lebensstile und Verhaltensweisen in der Öffentlichkeit.«[49]

Das Problem der Islamisierung, das muss an dieser Stelle vielleicht deutlich gesagt werden, besteht keinesfalls darin, dass sie früher oder später eine Bedrohung für das Christentum darstellen würde, sondern in der Bedrohung, die sie – wie jede Form des Fundamentalismus, der christliche eingeschlossen – für die Demokratie darstellt. Von einem progressiven Standpunkt aus betrachtet, müssen sowohl die Versuche, den öffentlichen Raum zu »christianisieren« – die, wie gezeigt, von christlichen Fundamentalismen in so ziemlich der ganzen Welt unternommen werden –[50], genauso und mit derselben Entschiedenheit zurückgedrängt werden wie seine Islamisierung.

All das soll aber nicht heißen, dass jede Frau, die in irgendeiner Form verschleiert ist, kurzerhand eine Fundamentalistin sei, im Gegenteil. Das Kopftuch wird für viele muslimische Frauen zunehmend zu einer Form identitärer Selbstbestätigung, die häufig gar nichts mit islamistischen Bewegungen zu tun hat. Dennoch spielt die Art und Weise, wie verschleierte Frauen den öffentlichen Raum einnehmen, mehr oder weniger bewusst dem islamistischen Narrativ in die Hände. Mit unseren Entscheidungen, unserem Verhalten, unserer Art, uns zu kleiden, uns mit anderen zu verständigen, den öffentlichen Raum zu besetzen, wird jede und jeder von uns häufig unbewusst zu einem Instrument politischer Absichten Dritter. Dem kritischen Denken fällt die Aufgabe zu, diese Mechanismen zu entlarven, um uns ihrer bewusst zu werden.

Es ist wichtig und sogar notwendig, öffentlich über die Verschleierung zu diskutieren, und zwar wegen ihres performativen und im weitesten Sinne politischen Werts in Bezug auf die Konstruktion des öffentlichen Raums, der kollektiven Vorstellungswelt, eines Werts, der weit über die simple »individuelle Freiheit« hinausreicht. Im selben Maße, wie es eine politische Handlung ist, das Kopftuch in einem Land abzunehmen, wo das Tragen vorgeschrieben ist – wie es iranische Frauen seit Jahren vormachen –[51], ist es eine politische Handlung, es in einem Land zu tragen, das, wie Frankreich beispielsweise, die Neutralität des öffentlichen Raums zu einer der Grundlagen seiner Identität gemacht hat. »Aus dieser Perspektive bekommt das Kopftuch in der Öffentlichkeit eine bedeutende Rolle. Die zunehmende Macht der Islamisten erkennt man an der steigenden Zahl der Kopftuchträgerinnen.«[52] So kommentierte die kanadische Journalistin Djemila Benhabib den »Hijab Day«, der am 20. April 2016 organisiert wurde. Von diesem Standpunkt aus betrachtet, besteht kein Zweifel daran, dass der Islam heute eine Herausforderung für die Laizität darstellt.

Verbieten oder nicht verbieten – das ist hier nicht die Frage

All das mit der binären Logik von »Verbot ja oder nein« angehen zu wollen, ist extrem oberflächlich. Verbote sind nur eines von vielen Mitteln, die der Politik zur Verfügung stehen, um ihre Ziele zu erreichen. Es ist auch nicht gesagt, dass Verbote sich immer anbieten, im Gegenteil. Glücklicherweise gibt es ein reiches Angebot an Verhaltensweisen, die nicht an irgendwelche legalen Vorschriften gebunden sind und dennoch Gegenstand ständiger öffentlicher Debatten sein können oder müssen, zu denen man seine zustimmende oder ablehnende Meinung frei äußern kann, bei denen man überlegt, welche kulturellen, politischen und/oder verwaltungsrechtlichen Maßnahmen sich am besten eignen, um sie zu fördern oder zu unterbinden, je nachdem, welches Ziel man verfolgt.

Rodotà schreibt hierzu: »Nicht alles muss in verpflichtende Regeln übersetzt werden, die Politik kann sich nicht bloß über gesetzliche Verbote identifizieren, die soziale Regulierung an sich verfügt über diverse Techniken«.[53] Alles ins Gesetzliche zu verschieben, auf die Ebene des Verbietens oder nicht, verformt die öffentliche Debatte, indem komplexe Fragestellungen vereinfacht und eindimensional gemacht werden. Zur Frage der Verschleierung im Speziellen sollte die Antwort auf die Frage »Verbieten oder nicht verbieten?« beispielsweise lauten: Das kommt darauf an. In manchen Fällen kann ein Verbot nicht bloß gerechtfertigt, sondern geradezu erstrebenswert sein, so etwa bei öffentlichen Amtsträgerinnen, bei Lehrerinnen oder bei jungen Mädchen.

Es ist ein großer Unterschied, ob ein Kopftuch von Privatpersonen getragen wird oder von öffentlichen Amtsträgerinnen in Ausübung ihrer Funktion, umso mehr bei Lehrerinnen, da sie eine zentrale Rolle in der Bildung von Kindern spielen – einer Bildung, die gar nicht anders ausgerichtet sein kann als laizistisch und kritisch, wenn sie umfassende Autonomie und Freiheit gewährleisten soll. Lehrende sind nicht wirklich frei, sie haben sich für einen Beruf entschieden, der ihnen eine öffentliche Verantwortung überträgt.

Ein vollständiges und allgemeines Verbot ist dennoch nicht zulässig, sieht man einmal von dem Vermummungsverbot und einigen anderen bereits erwähnten Einschränkungen ab. Zunächst einmal ist es ganz offensichtlich sinnlos und illiberal, jemandem, der sich frei dafür entschieden hat, ein Kopftuch zu tragen, das per Gesetz zu verbieten. Darüber hinaus wäre ein allgemeines Verbot doppelt ungerecht gegenüber den Frauen, die Tag für Tag den Druck ihrer Familie und ihrer Gemeinschaft ertragen müssen, sich zu verschleiern. Diese Frauen müssen geschützt werden. Undifferenzierte Verbote spielen zudem Fundamentalisten in die Hände und liefern ihnen einen Vorwand, um paradoxerweise an die liberalen Freiheiten zu appellieren, sowie Argumente für ihre Opferrhetorik und das Narrativ vom westlichen Unterdrücker. Letztlich dienen solche Verbote allein der Gewissensberuhigung, als ließen sich damit alle Probleme lösen.

2016 haben einige französische Städte mit Dekreten für Aufruhr gesorgt, in denen verboten wurde, den Strand ohne »korrekte Kleidung« zu betreten. Obwohl er nicht ausdrücklich erwähnt wird, war der Stein des Anstoßes der sogenannte Burkini, ein Badeanzug, der die muslimischen Bekleidungsvorschriften erfüllt und seine Trägerin von Kopf bis Fuß bedeckt, das Gesicht jedoch frei lässt. Dieses Beispiel kann als paradigmatisch bezeichnet werden und zeigt die Grenzen eines ausschließlich juristischen Lösungsansatzes auf. Sind Normen mit Zwangscharakter erst einmal erlassen, müssen sie umgesetzt werden, und uns bleiben die unerträglichen Bilder im Kopf von den französischen Ordnungshütern, die Frauen im Burkini aufforderten, sich auszuziehen.

In der darauffolgenden Debatte wurde auch das Argument vorgebracht, der Burkini sei für viele Frauen das Mittel, um einen öffentlichen Raum zu betreten, der ihnen sonst verschlossen bliebe. Das lässt jedoch den starken performativen Wert von Gesten außer Acht und unterschätzt die Tatsache, dass aufgrund eben dieses Werts die Normalisierung der Verwendung eines Kopftuchs oder eines Burkinis nichts anderes bewirkt, als im Innern bestimmter Gemeinschaften die Macht der Männer über die Frauen zu verstärken. Mina Ahadi, eine iranische Menschenrechtsaktivistin, die seit mehr als vierzig Jahren in Deutschland im Exil lebt und hier den Zentralrat der Exmuslime gegründet hat, bemerkt dazu:»Gestattet man das Tragen des Burkini, ist das nicht etwa für muslimische Frauen eine Möglichkeit, endlich das Haus zu verlassen, sondern wird vielmehr dazu führen, dass in vielen schon seit langem in Europa lebenden Familien Frauen, die bisher ohne Schwierigkeiten in herkömmlicher Badebekleidung schwimmen gegangen sind, immer stärker unter Druck gesetzt würden, stattdessen den Burkini zu wählen. Diese Geschichte kennen wir nur zu gut: Genau dasselbe ist vor vierzig Jahren in Iran geschehen, es hat sich in Afghanistan ereignet und ereignet sich in diesem Augenblick auch in der Türkei.«[54]

Besteht kein Zweifel daran, dass »unter Umständen, in denen Frauen extrem wenige Optionen haben und die Arbeit außerhalb des häuslichen Bereichs keine ausreichende Sicherheit für sich selbst und die Kinder gewährleistet, [...] Frauen aktiv auf Verhaltensweisen und Symbole zurückgreifen [können], die ihre Sittsamkeit und Achtbarkeit unterstreichen«,[55] darf eine solche Aussage dennoch nicht in ein passives Hinnehmen des Status quo übertragen werden. Gegen solche Verhältnisse muss angekämpft werden, sie dürfen nicht einfach fatalistisch akzeptiert werden. Gedankengänge dieser Art sind wie Glatteis, denn wenn Frauen, egal wie »aktiv« oder nicht, in einem bestimmten Kontext von den ökonomischen, sozialen oder kulturellen

Umständen »gezwungen« werden, ihre »Sittsamkeit und Achtbarkeit« durch Verschleierung herauszukehren, läuft eine Frau, die sich nicht verschleiert, Gefahr, als »wenig sittsam und achtbar« angesehen zu werden. Auf dieselbe Weise funktioniert auch das Argument, bei dem aus der Feststellung, dass nachts allein auszugehen für Frauen oft gefährlich ist, die Überlegung abgeleitet wird, dass sie es also besser lassen. Statt daran zu arbeiten, dass es auf den Straßen für Frauen zu jeder Tages- und Nachtzeit sicher ist, wird tatenlos eine gegebene Situation als Schicksal hingenommen.

Folglich muss man diese beiden Ebenen des Diskurses notwendig auseinanderhalten. Angesichts des spezifischen Falles einer Frau, für die das Kopftuch aufgrund der Tatsachen und Umstände ihres Lebens eine Möglichkeit darstellt, das Haus zu verlassen und einen Fuß in den öffentlichen Raum zu setzen, muss diese Frau unterstützt und nicht mit zusätzlichen Verboten und Zwängen gequält werden. *Gleichzeitig* muss jedoch unbedingt der kulturelle und politische Kampf gegen die Kultur der Sittsamkeit und ihre Symbole vorangetrieben werden.

Vielleicht kann das mithilfe eines Vergleichs illustriert werden. Wird ein Arbeitnehmer an seinem Arbeitsplatz ausgebeutet, er verlässt jedoch diesen Arbeitsplatz nicht, weil es seine einzige Einnahmequelle ist, muss dieser Arbeitnehmer selbstverständlich so weit wie möglich unterstützt werden, ohne ihm seine persönliche Entscheidung, nicht zu kündigen, anzukreiden. Das heißt jedoch nicht, dass man nicht gleichzeitig auch dafür streiten muss, dass diese Ausbeutung zunächst als solche anerkannt und im nächsten Schritt bekämpft wird.

Es ist also einerseits weder möglich noch erwünscht, den Burkini rundheraus zu verbieten. Andererseits ist es nicht bloß legitim, sondern geradezu erstrebenswert, auf der Grundlage des Prinzips der Geschlechtergleichheit zu verbieten, dass Sportstätten beispielsweise das Schwimmbad zu bestimmten Zeiten nur für Frauen öffnen oder dass in Schulen Sportunterricht oder sogar naturwissenschaftlicher Unterricht nach Geschlechtern getrennt abgehalten wird. Das sind Zugeständnisse, die nichts anderes tun, als die Geschlechtertrennung weiter zu befördern. Man muss also mit aller Klarheit eine aktive Politik betreiben, insbesondere im Bereich der Kultur, um einer subtilen Schieflage entgegenzusteuern, in der wir Gefahr laufen, zu akzeptieren, was vollkommen inakzeptabel ist.[56]

Nussbaum vertritt die Ansicht, der Staat müsse sich so weit wie möglich aus den religiösen und kulturellen Entscheidungen seiner Bürgerinnen und Bürger heraushalten und dürfe nur einschreiten »im Falle des ›zwingenden staatlichen Interesses‹«, etwa zum Schutz der »öffentlichen Sicherheit« oder um »Rassismus in keiner Form zu unterstützen«.[57]

Aber ist die vollkommene Gleichheit von Männern und Frauen von »zwingendem staatlichem Interesse«? Lautet die Antwort auf diese Frage »Ja«, kann man gar nicht anders, als gegen Geschlechtertrennung in jedweder Form zu sein. Hält man hingegen die Trennung von Unterricht und Schwimmbädern für akzeptabel, sollte man sich offen dazu bekennen, eine frauenfeindliche und patriarchale Gesellschaft zu wollen. Gänzlich inakzeptabel ist es jedoch, sich auf Menschenrechte und die Freiheit des Individuums zu berufen, um die Geschlechtertrennung zu rechtfertigen.

Bezug nehmend auf einige verschleierte französische Studentinnen, schreibt Seyla Benhabib: »Meiner Ansicht nach wird es nur eine Frage der Zeit sein, bis die öffentliche Rolle dieser Frauen, die lernen, sogar dem Staat zu widersprechen, sich auch auf ihre Einschätzung der islamischen Traditionen auswirkt, um deren Aufrechterhaltung sie heute kämpfen.«[58] Dessen bin ich mir auch recht sicher. Da ich jedoch nicht deterministisch eingestellt bin und nicht glaube, dass die Dinge einem festgelegten Schicksal folgen, bin ich mir auch recht sicher, dass es dazu nur kommen wird, wenn wir das Niveau der öffentlichen Debatte hochhalten und keine Tabus akzeptieren.

4. Die Aporie der Identität

> »Unsere Identität ist nicht ein Museumsstück, das in eine
> Vitrine gesperrt wird, sondern die Synthese unserer all-
> täglichen Widersprüche, die stets aufs Neue überrascht.«
> Eduardo Galeano, *Das Buch der Umarmungen*

Das Bedürfnis nach Identität

»Identität« gehört zu den am häufigsten gebrauchten und
am stärksten missbrauchten Wörtern unserer Zeit. Ohne
Zweifel markiert das Ende des Kalten Krieges auch für den
Gegensatz der Ideologien das Ende. Stattdessen hat sich die
Büchse der Pandora der identitären Forderungen geöffnet.
Samuel Huntington, Schöpfer des berühmt-berüchtigten
Begriffs »Kampf der Kulturen«, hat intuitiv erfasst, dass die
Frage »Auf welcher Seite stehst du?« durch eine andere,
deutlich grundlegendere ersetzt werden würde, nämlich:
»Wer bist du?«[1] Er hat jedoch den Fehler begangen, sich an
der »identitären Orgie«[2], die unsere Zeit auszeichnet, zu
beteiligen. Er hätte sich davon distanzieren und sich fragen
sollen, wie und weshalb sie sich entwickelt hat. Dann hätte
er das konzeptuelle Werkzeug erarbeiten sollen, um sie zu
überwinden.

Ein Phänomen zur Kenntnis zu nehmen und von einem
anthropologischen, soziologischen und historischen Standpunkt aus zu analysieren, ist eine Sache; etwas ganz anderes
ist es, dieses Phänomen zum unausweichlichen Handlungs-
horizont zu erheben. Bei Letzterem kommt eine bewusste
ethisch-politische Wahl zum Tragen, die man nicht deduk-
tiv auf die Feststellung eines Phänomens zurückführen

kann. Anders gesagt, es ist eine Sache, den identitären Rückfall, der unsere Epoche kennzeichnet, zu konstatieren, eine ganz andere jedoch, darauf mit einer identitären Politik zu reagieren.

Überraschend ist, dass die Berufung auf eine Lösung dieser Art nicht ausschließlich, wie man vielleicht erwarten würde, von rechts kommt. Das Fasziniertsein von Identität hat auch einen großen Teil der Linken ergriffen, die den universalistischen und eben antiidentitären Horizont aus den Augen verlor, der ihr eigentlich entspräche. Hierfür gibt es eine mögliche Erklärung. Sie hängt wahrscheinlich mit der Enttäuschung darüber zusammen, dass alle revolutionären Träume, die das 20. Jahrhundert ausgezeichnet hatten, gescheitert sind. Stattdessen flüchtet man sich in die kleinen und trügerischen identitären Gewissheiten als Folge der Enttäuschung, dass man die Welt doch nicht hat verändern können.

Die Krise der Ideologien oder, mit den Worten Gauchets, die »Krise des Glaubhaften« hat die meisten ohne einen universalen Sinnhorizont zurückgelassen und viele dazu verleitet, links wie rechts, einen neuen, deutlich beschränkteren zu entwerfen. Im Zeitalter der flüchtigen Moderne, in der alle übergreifenden Ideale, für die man sich einsetzen und kämpfen könnte, untergegangen sind, tröstet man sich mit »Spektakeln«, wie Zygmunt Bauman sie nennt, Ereignissen und Gelegenheiten, in denen Individuen, die sich in vielerlei Hinsicht stark voneinander unterscheiden, sich für die Dauer eines Spektakels wiedererkennen und sich einbilden, eine Gemeinschaft zu bilden.[3]

Dennoch ist die Tatsache, dass diese Rückbesinnung auf Identitäten derart verbreitet ist, auch ein Symptom dafür, dass wir es mit einem Grundbedürfnis zu tun haben. Nebenbei bemerkt war auch in den Zeiten großer politischer Leidenschaft die Zugehörigkeit zu einer Ideologie, von einem existenziellen Standpunkt aus betrachtet, in erster Linie nichts anderes als die Möglichkeit, sich in einem Ideal wiederzuerkennen, das einen mit einer bestimmten Identität ausstattete. Der Unterschied liegt darin, wie universal der Horizont ist, innerhalb dessen man dieses Bedürfnis zu stillen versucht.

Sicher ist, dass es aktuell eine verbreitete Forderung nach Anerkennung der »eigenen« Identität gibt; was genau aber damit gemeint ist, lässt sich nur mühsam feststellen. Alle reden von Identität, aber keiner weiß genau, was das ist. Als Konzept ist es nur schwer fassbar, was jedoch nicht unbedingt bedeutet, dass es inhaltslos wäre, sondern bloß, dass es sich nicht *de-finieren* lässt. Wann immer man das versucht, ist es unauffindbar – vor einem Moment noch war es da, aber sobald man den Scheinwerfer darauf richtet, ist es schon wieder woanders. Es ist eine undefinierbare Angelegenheit, weil es zu empfänglich ist für jede noch so kleine Schwingung in seiner Umgebung. Eine Veränderung des Kontextes oder auch bloß einiger Elemente desselben genügt, und schon verwandelt sich eine eben noch kompakt erscheinende Identität in etwas Nichtwiederzuerkennendes.

Identität existiert also einfach, solange man sie nicht definiert. Sobald man das versucht, explodiert sie einem in der Hand; sie lässt sich nicht zäumen. Das heißt nicht, dass da nicht irgendetwas wäre, das uns in die Lage versetzt, uns wiederzuerkennen, sondern dass dieses Etwas viel dynamischer, flüchtiger, buchstäblich *un-definierbarer* ist, als wir meinen. Ob es einem gefällt oder nicht, die Identität ist etwas Erlebtes, kein Katalog von Merkmalen à la »habe ich, fehlt mir«.

Identität ist demnach ein Wort, das mit größter Sorgfalt behandelt werden muss, und das ist genau das Gegenteil von dem, was heutzutage geschieht, wo man es vielmehr wie einen stumpfen Gegenstand schwingt, um ein Territorium zu verteidigen oder alle zu attackieren, die man für anders hält.

Es handelt sich dabei tatsächlich um eines jener Wörter, wie sie besonders im sozialen und politischen Milieu verbreitet sind und die jeder mit den Inhalten befüllt, die ihm gerade passen, sodass seine Konnotationen zwischen unkritischer Überhöhung und voreingenommener Verurteilung schwanken. Vor diesem Hintergrund wird deutlich, dass Identität sich nicht als Analyseinstrument für die gesellschaftliche und politische Realität eignet. Vielmehr muss ihre Verwendung durch Subjekte, die sie für sich beanspruchen, selbst zum Untersuchungsgegenstand gemacht werden, und zwar als politisches und soziales Phänomen, dessen Ursprung und dessen Formen zu erforschen sich lohnt.[4]

Der Anthropologe Francesco Remotti unterscheidet in seinem Buch *L'ossessione identitaria* zwischen der Handlungsebene der gesellschaftlichen Subjekte, die den Begriff »Identität« für politische und ideologische Zwecke einsetzen, und der Analyseebene von Anthropologen, Politologen und Soziologen, die solche Phänomene erklären müssen. »Identität gehört in den Bereich sozialer Repräsentationen, insofern sie ein ausgezeichnetes Stabilisierungsmittel darstellt, jedoch ist nicht gesagt, dass sie deshalb auch zum Handwerkszeug jener gehören muss, die diese Repräsentationen untersuchen wollen.«[5] Identität ist somit weniger ein Instrument, mit dessen Hilfe etwas erklärt werden kann, sondern eher ein Objekt, das selbst erklärt werden muss.

Der Grund, weshalb sie für Remotti ein aus analytischer Sicht unbrauchbarer Begriff ist, liegt in ihrem intrinsischen und sich auflösenden Wesensmerkmal der Aporie: »Identität ist die Extremform des Anspruchs auf Einheit seitens der individuellen wie kollektiven Subjekte, die sich jedoch in ihrem Inneren eigentlich durch eine unvermeidliche Mannigfaltigkeit auszeichnen.«[6] Remotti regt daher an, auf den Begriff der Identität zu verzichten, da alle Versuche, ihn brauchbarer zu machen – durch Formeln wie »fließende Identität«, »flüchtige Identität« und so weiter, die er als »kleine begriffliche Monster« bezeichnet –, seine »intrinsische Unzulänglichkeit« als Untersuchungsinstrument offenbaren.[7]

Remottis Argumentation ist jedoch nicht ganz schlüssig, da er sich, wie er selbst einräumt,[8] auf kollektive Identitäten bezieht, nicht auf individuelle oder persönliche. Bei diesen könnte es sich vielleicht lohnen, am Identitätskonzept festzuhalten, da die erwähnte »Forderung nach Einheit« ein Grundbedürfnis des Individuums darstellt. Wichtig ist selbstverständlich, auf welche Weise man diesem Bedürfnis nachzukommen versucht. Die stete Mühe, jene » Synthese unserer alltäglichen Widersprüche« zu vollziehen, zu der uns Eduardo Galeano einlädt, ist eine Sache, eine ganz andere ist es allerdings, wenn dieses Bedürfnis nach Einheit durch einen aufgezwungenen Satz festgeschriebener Eigenschaften gestillt wird. Das Problem ist also nicht ein persönliches Bedürfnis nach Einheit, der Anspruch auf Einheit des einzelnen Subjekts an sich, sondern die Art und Weise, wie man dieses Bedürfnis stillt und, vor allem, wie man von anderen verlangt, es zu stillen.

Vom Individuum zur Gruppe und andersherum. Die Wege der Identität

Von Identität kann man also in Bezug auf zwei Typologien von Subjekten sprechen, individuellen Subjekten (einzelne Personen aus Fleisch und Blut) und kollektiven Subjekten

(Gruppen). Diese beiden Ebenen überschneiden sich oft, da ich bei der Zusammenstellung meiner individuellen Identität aus einem Satz von Eigenschaften auswähle, die mir von einer oder mehreren kollektiven Identitäten zur Verfügung gestellt werden und die ich nutze, um mich mit einer Gruppe zu identifizieren. Dennoch lohnt es sich, sie für die Analyse auseinanderzuhalten. Das gestattet es nämlich, zwei grundlegend unterschiedliche Paradigmen auszumachen. Das erste dieser Paradigmen – nennen wir es das Paradigma der Autonomie – geht vom Individuum aus. Die einzelne Person »wählt«, autonom, aus den verschiedenen Optionen, die ihr sozialer Lebenskontext anbietet, diejenigen aus, die ihr am meisten zusagen. So setzt sie ihr persönliches, einzigartiges und unnachahmliches Patchwork zusammen, in einem freien und autonomen Prozess.[9] Das entgegengesetzte Paradigma, das der Heteronomie, legt ein für alle Mal in einem festgelegten Satz die Eigenschaften einer gegebenen kollektiven Identität fest. Es schreibt vor, dass nur jemand, der alle diese Eigenschaften vorzuweisen hat, als vollwertiges Mitglied dieser Gruppe gilt, wodurch automatisch alle zu Ketzern gemacht werden, die davon abweichen.

Das erste Paradigma ist multidirektional, anarchisch, libertär, offen, komplex, facettenreich und plastisch. Es bereitet auf ständige Anpassungen vor, um den diversen Bestandteilen der eigenen Identität irgendwie das Zusammenleben zu ermöglichen, und es sieht vor, dass die »Souveränität« bei dem einzelnen Individuum verbleibt, die diese Identität »auswählt«. Das zweite hingegen führt zu Abschottungen. Es schreibt eine externe, fremde Identität vor, es ist monodirektional und autoritär, es grenzt aus, es zwingt auf, es ist definitorisch, vereinfachend, oberflächlich und hölzern, es schafft Inkompatibilität, statt zu verknüpfen.

Ob man das eine Paradigma annimmt oder das andere, es hat soziale und politische Folgen von einiger Tragweite. Leider wird auch in Milieus, die sich selbst als progressiv bezeichnen würden, häufig auf das zweite Paradigma gesetzt, das mit dem brandgefährlichen Konzept der »Authentizität« daherkommt. Auf dieses stützt man sich, um Etiketten zu verteilen, je nachdem, wie weit sich die individuellen Subjekte jeweils mit dem vermeintlichen idealen – authentischen – Modell einer bestimmten kollektiven Identität decken.

Verfechter des essenzialistischen Paradigmas der Heteronomie betrachten »Kulturen« als Monolithen mit festgelegten Merkmalen, die als unwandelbar gelten. Es handelt sich dabei um einen gänzlich ahistorischen Ansatz. In irgendeiner mythischen Vergangenheit sei eine phantomartige Identität entstanden, und diese sei maßgeblich. Die sich alltäglich ereignenden Wandlungen seien nur Unreinheiten, die es auszumerzen gelte.[10] Für das heteronome Paradigma sind Kulturen weniger die Gesamtheit der wandelbaren Abbilder von Gruppen unter bestimmten Bedingungen und zu einer gegebenen historischen Zeit, sondern vielmehr eine Menge fester und genau festgelegter Eigenschaften mit normativem Anspruch. Der Authentizitätsdiskurs ist reduktionistisch und deterministisch und wendet sich vehement gegen eine progressive Vision, in der das menschliche Wesen als Subjekt gilt, als Akteur des eigenen Schicksals und nicht als bloßes Objekt einer vorgeschriebenen Geschichte.

Kulturen wohnt eine grundlegende Widersprüchlichkeit inne. Salvo Lima, Bernardo Provenzano und Totò Riina sind genauso »authentische« Sizilianer wie Rita Atria, Giovanni Falcone und Peppino Impastato.[11] Für Mafiosi sind aufrichtige Sizilianer Verräter (»infami«; »niederträchtig« ist das

Schimpfwort in der Mafiakultur für alle, die sich nicht beugen), allerdings wird oftmals auch vonseiten der »Gerechten« dieselbe Argumentation verwendet, nur unter umgekehrtem Vorzeichen: Das Sizilien der Mafia sei nicht das »wahre« Sizilien, Mafiosi seien keine »echten« Sizilianer, die »echten« Sizilianer seien sie selbst.

Natürlich kann man die tief liegenden Gründe für Aussagen dieser Art verstehen – den Willen und das Bedürfnis, seinen Herkunftsort zurückzugewinnen –, dennoch muss man leider zugestehen, dass sie alle »echte« Sizilianer sind, dass das mafiöse Schweigegebot der *omertà* genauso ein wesentlicher Teil der sizilianischen Kultur ist wie die stolze Antimafiabewegung. Diese Kämpfe werden nicht auf identitärer Ebene ausgetragen, sondern über die Werte. Als gebürtige Sizilianerin lehne ich einige typische Merkmale »meiner« Kultur kategorisch ab, während ich andere annehme, ganz nach Belieben und ohne dass irgendjemand meine Wahl anfechten oder darüber entscheiden könnte, ob ich eine Bescheinigung als Sizilianerin erhalte oder nicht. Im Zuge dieser unablässigen Konstruktion meiner Identität stellt sich mir nicht die Frage, ob ein bestimmtes Wesensmerkmal »meiner« Kultur zugehörig sei. Wenn ich es gebrauchen kann oder empfinde, dass es zu mir passt, nehme ich es mir, ohne einen Gedanken an seine »Authentizität« zu verschwenden.

Offensichtlich sind diese Entscheidungen nicht vollkommen willkürlich und werden auch nicht im luftleeren Raum getroffen. Sie wurzeln in der ganz persönlichen Geschichte eines und einer jeden von uns. Das macht diese Entscheidungen keineswegs weniger frei. Als Rita Atria sich dazu entschloss, mit der Justiz zusammenzuarbeiten – eine Entscheidung, die ihre Familie als Verrat wertete, sie wurde verstoßen und nicht einmal im Tode wieder aufgenommen –, traf sie eine Wahl, die ihrer Familiengeschichte diametral zuwiderlief, obwohl ihre Wahl tief in dieser Tradition verwurzelt war.

Von diesem Gesichtspunkt aus betrachtet, erscheint die Debatte tatsächlich sinnlos, die Deutschland nun schon seit einer Weile beschäftigt und sich um die Frage dreht, ob der Islam zu Deutschland gehöre. Das ist, als würde die Zugehörigkeit zur Geschichte eines Volkes darüber entscheiden, ob ein x-beliebiges kulturelles Element akzeptabel ist oder nicht. Bedauerlicherweise gehört so allerhand zu Deutschland, was absolut unerwünscht ist, aber so geht es schließlich allen Völkern und allen Kulturen auf der Welt. Die Frage ist jedoch äußerst gefährlich, da sie die Debatte verschiebt, und zwar aus dem Bereich des Normativen – auf welchen Werten soll unser gesellschaftliches und politisches Zusammenleben aufbauen? – in den identitären. Die Geschichte kennen wir nur allzu gut.

Das Paradigma der Heteronomie führt zur Entstehung geschlossener Gruppen, die ihre interne Loyalität verfestigen und gleichzeitig eine Feindseligkeit gegen die Außenwelt pflegen.[12] Das essenzialistische und heteronome Paradigma ist typisch für jede Form von Fundamentalismus, der nichts anderes tut als darüber zu urteilen, wer ein »wahrer« Christ sei, ein »echter« Muslim und so weiter. Leider tritt man auch im progressiven Lager allzu häufig in dieselbe Falle und übernimmt unbewusst das dominante Narrativ der Fundamentalisten, insbesondere in Bezug auf den Islam.

Zur Illustration kann eine kleine Begebenheit dienen, die mir persönlich zugestoßen ist. Als ich eines schönen Tages meine Tochter in den Kindergarten begleitete – wir wohnen in Frankfurt am Main in Deutschland –, wurde sie zu meiner Überraschung dort von einer jungen Frau in

Empfang genommen, die einen Hidschab trug; ihr Gesicht war frei, aber der Stoff umhüllte ihren Kopf und fiel weit über ihre Schultern herab. Sie stellte sich als Praktikantin heraus, die nur einen Monat da sein würde. Nach der anfänglichen Überraschung dachte ich lange darüber nach und entschied letztlich, mich mit der Elternvertreterin auszutauschen. Ich wollte wissen, wie sie dazu steht, aber auch und vor allem, ob andere Eltern sich darüber besorgt zeigten. Das Gespräch war alles andere als einfach. Sie, eine nicht religiöse türkischstämmige Deutsche, war sehr defensiv und fuhr das gesamte Spektrum der Argumente von Religionsfreiheit und Kleidungsfreiheit auf. Außerdem informierte sie mich darüber, dass ansonsten niemand von den Eltern irgendetwas dazu gesagt habe. Ich unterstrich hingegen, wie unangebracht es mir schien, dass in einem Ambiente wie dem Kindergarten eine der Personen mit Bildungsauftrag derart demonstrativ ihren Glauben zur Schau stelle. Ich führte an, dass ich die anderen Erzieherinnen seit Jahren kenne, aber keine Ahnung hätte, welcher Religion sie angehörten oder für welche Partei sie stimmten, wohingegen ich von dieser jungen Frau das religiöse Bekenntnis noch vor ihrem Namen erfahren habe. Ich sagte: »Soviel ich weiß, könnten die anderen Erzieherinnen genauso gut Christinnen wie Atheistinnen oder auch Musliminnen sein.« An dieser Stelle unterbracht mich mein Gegenüber und sagte mit absoluter Überzeugung zu mir: »Nein, das ist nicht wahr, wären sie Musliminnen, trügen sie Kopftuch.« Das ist der Sieg des fundamentalistischen Narrativs: Wenn du Muslimin bist, trägst du Kopftuch; trägst du kein Kopftuch, kannst du keine »echte« Muslimin sein.

Auf der Seite des Individuums, gegen den Individualismus

Ein progressiver Ansatz hat keine andere Wahl, als sich dem Paradigma zu verschreiben, wonach das Individuum bei der Konstruktion seiner Identität vollkommene Autonomie besitzt. Es existiert ein gewaltiges Missverständnis, das jedes Mal zutage tritt, wenn das Individuum in den Mittelpunkt des politischen und philosophischen Diskurses gestellt wird. Es handelt sich um die Vorstellung, dass man damit automatisch dem Individualismus verfalle, die individuelle Willkür überhöhe, dem Egoismus, Narzissmus oder der Gleichgültigkeit gegenüber anderen das Wort rede. Wenn hier davon die Rede ist, vom Individuum auszugehen, heißt das, im Gegenteil, das Universale in Betracht zu ziehen, dessen Träger jedes menschliche Wesen ist, und dass einem die Menschlichkeit so wichtig ist, dass man sie in jedem einzelnen Menschen wiedererkennt und wertschätzt.

Vom Individuum auszugehen, ist, entgegen jedem Individualismus, die Voraussetzung für ein solidarisches Projekt universaler Emanzipation der Menschheit und damit jedes einzelnen Menschen. Stellt man die Person in ihrer Individualität, mit der ganzen Komplexität ihrer Identität und ihrer Herkünfte, in den Mittelpunkt, bedeutet das keinesfalls, dass man jeder und jedem ein »Recht auf Egoismus« einräumte, einen Freibrief, die eigenen, speziellen und zufälligen Interessen und Bedürfnisse durchzusetzen. Im Gegenteil, es bedeutet, dass man die soziale Verantwortung übernimmt, die Bedingungen schaffen zu wollen, damit jede und jeder sich auf möglichst umfassende, freie und bewusste Art und Weise entfalten kann, damit die Menschlichkeit in jedem einzelnen menschlichen Wesen respektiert und gewahrt werden kann. Es bedeutet, mit Kant, das Gegenüber »niemals bloß als Mittel, sondern jederzeit zugleich als

Zweck an sich selbst« zu behandeln, weil niemand wirklich frei ist, wenn es nicht alle sind.

Eine solche Betrachtungsweise ist so etwas wie der Gegenpol zu Individualismus, an den uns die neoliberale Ideologie gewöhnt hat. Das Individuum ist ein soziales Konstrukt, und nirgends steht geschrieben, dass der egoistische Verbraucher seine »natürliche« Form darstelle, denn auch dieser ist seinerseits ein soziales Konstrukt, das von der herrschenden ökonomistischen Mentalität geprägt wurde. Die Person im Mittelpunkt des hier entworfenen Diskurses ist kein Verbraucherindividuum, sondern ein Subjekt, dem bestimmte Rechte zustehen und das auf politisch verantwortliche Weise in der Welt handelt, oder anders gesagt, ein Subjekt, das sich seiner Pflichten gegenüber dem Rest der Menschheit ebenso bewusst ist wie der Konsequenzen der eigenen Entscheidungen. Es handelt sich um eine Person, die nicht aus ihrer scheinbaren und kontingenten Entscheidungsfreiheit das einzige Maß ihres Lebens macht, sondern sich konstant in die Lage anderer Personen versetzt, vor allem derjenigen, deren Lebensumstände es nicht ermöglichen, freie Entscheidungen zu treffen. Dieses Subjekt ist parteiisch und steht dem Schicksal seiner Mitmenschen alles andere als gleichgültig gegenüber.

Stellt man das Individuum in den Mittelpunkt und wählt folglich das Paradigma der Autonomie, geht man davon aus – und das führt uns zurück zum Thema dieses Kapitels –, dass jede und jeder über eine ganz persönliche Identität verfügt, die sich in konstanter Bewegung befindet, und dass die Reduzierung einer Person auf ein einziges Steinchen aus diesem Mosaik gleichbedeutend mit einer Verletzung ihrer Würde als eine Person mit einer einzigartigen und unnachahmlichen Identität ist. Schlimmer noch, Identitäten sind zudem häufig widersprüchlich, verworren und überschneiden sich. Wir alle identifizieren uns nur teilweise und womöglich nicht ohne Einwände mit unseren diversen Herkunfts-»Gemeinschaften«, von denen jede etwas über uns verrät, aber nur bis zu einem gewissen Punkt; keine *de-finiert* uns, keine *schließt uns ab*, keine grenzt uns ein.

Einerseits steht eindeutig fest, dass das Individuum kein unteilbares Atom darstellt und nicht getrennt von seinen Beziehungen betrachtet werden kann, aus denen es sich umgekehrt zusammensetzt. Ebenso wahr ist jedoch, dass man es nicht auf eine einzelne davon reduzieren kann. In der hier vorgestellten Betrachtungsweise ist das Individuum die Einheit, die sich konstant mit den eigenen Widersprüchlichkeiten auseinandersetzt, und somit ist es ein dialektisch vermitteltes Universal, keine gegebenes. Es wird vom Verstand als universal und absolut betrachtet, jenseits seiner endlichen, vielfältigen und widersprüchlichen Existenzweise.

Die einzelnen Elemente, aus denen sich bei uns allen die Identität zusammensetzt, vermengen sich zu einem einzigartigen und unnachahmlichen Resultat, dessen Bestandteile nicht mehr voneinander unterschieden werden können. »Identität lässt sich nicht aufteilen«, schreibt Amin Maalouf, »weder halbieren noch dritteln oder in Abschnitte zergliedern. Ich besitze nicht mehrere Identitäten, ich besitze nur eine einzige, bestehend aus all den Elementen, die sie geformt haben, in einer besonderen ›Dosierung‹, die von Mensch zu Mensch verschieden ist.«[13] Und auch in ein und demselben Menschen von Augenblick zu Augenblick, da die Dosierung der diversen Komponenten dieser Mischung, dieses Amalgams, sich mit der Zeit und auch in Abhängigkeit von den jeweiligen kontingenten Umständen verändert. Dennoch ist die Einheit gewährleistet. Wie bei einem Webteppich, bei dem man, sieht man genau hin, vielleicht die einzelnen bunten Fäden ausmachen kann, lässt sich nur aus einer gewissen Distanz erkennen, was den Teppich in seiner Gänze und Einheit ausmacht.

Im Fall der persönlichen Identität handelt es sich um ein Tuch, das jeden Tag weiter gewebt wird. Als Fäden fungieren dabei die verschiedenen Elemente, aus denen ein Individuum sich epiphänomenisch zusammensetzt – das Reich des Vielfältigen, des Wandelbaren, das nicht nur tradierte kulturelle Elemente umfasst, sondern auch Erfahrungen aus erster Hand, Emotionen, Gedanken, Begegnungen, kurz das Leben. Auf der Bewusstseinsebene läuft konstant und unter großer Anstrengung die Vereinheitlichung dieser Vielfalt ab.[14] Das löst zumindest teilweise das Theseus-Paradoxon auf: Werden im Laufe der Jahre sämtliche Einzelteile eines Schiffes nach und nach ausgetauscht, ist es dann noch dasselbe Schiff? Bei der Identität des einzelnen Individuums lässt sich diese Frage bejahen, da die Einheit nicht auf den einzelnen Elementen beruht, auf den Einzelteilen des Schiffs, und auch nicht auf ihrer Summe, sondern auf seinem Selbst-Bewusstsein.

Es handelt sich also um eine Prismaidentität, die man so weit wie nur irgend möglich von allen externen Auferlegungen befreien muss, damit das Gewebe der Fäden sich frei fügen kann. Die Identität jeder und jedes Einzelnen von uns fällt im Grunde mit der jeweiligen (Auto-)Biografie zusammen, mit dem Buch des Lebens, an dem wir alle jeden Tag weiterschreiben. Damit aus dieser Identität keine Waffe gegen einen anderen wird, müssen wir die politische und kulturelle Arbeit leisten, »sich in seiner ganzen Vielfalt anzunehmen«[15], der Vielfalt, die wir alle in uns tragen und die uns dazu bringen müsste, uns zu den anderen in Beziehung zu setzen, nicht als entgegengesetzte Identitäten, nicht als Angehörige und Vertreter von Stämmen, sondern als einzelne und unteilbare Vielfalten, von denen jede Trägerin der menschlichen Universalität ist.

In dieser kosmopolitischen und universalistischen Definition, die sich der fundamentalistischen und tribalistischen Lesart entgegenstellt, ist Identität das, was jede und jeden nur mit sich selbst identisch macht. Und dahinter steckt nicht dieser oder jener Aspekt der eigenen Identität, sondern einzig und allein jene einzigartige, unnachahmliche und wandelbare Kombination. »Ich habe mit jedem Menschen einige Identitätsmerkmale gemein, doch mit niemandem teile ich alle meine Zugehörigkeiten.«[16] Eine »nomadische Identität« ist, wie Rodotà sie definiert, »ewig unvollendet, eine unendliche und unbestimmte Konstruktion«, eine »originäre Vielfalt, die aus jedem ein Unikat macht«.[17]

Hier wird genau das Gegenteil einer tribalistischen, statischen und geschlossenen Auffassung von Identität vorgestellt, nämlich eine dynamische Identität, die für Beziehungen offen ist. Mehr noch, sie lebt von der Beziehung zum anderen und ist eine regelrechte »dissipative Struktur«[18], die im ständigen Austausch mit ihrer Umgebung ein immer neues Gleichgewicht findet.

Identität lässt sich nach dieser Auffassung eindeutig nicht für politische Instrumentalisierungen einspannen, weil sie keine mächtige Waffe darstellt, die gegen andere ins Feld geführt werden kann, und auch kein undurchdringlicher Harnisch ist, um sich vor anderen zu schützen. Vielmehr ist sie ein schmaler, prekärer, instabiler, aber genau deshalb auch fruchtbarer Boden für die Begegnung mit anderen.

Universale Emanzipation versus identitäre Anerkennung

Innerhalb des Identitätsprismas, das jede und jeden von uns ausmacht, existiert natürlich eine gewisse Hierarchie, in der mal dieses, mal jenes Element die Oberhand hat und die stark von einer Reihe Faktoren beeinflusst wird, historischen, gesellschaftlichen, politischen. Wie Maalouf bemerkt, ist es »ein Unterschied, ob man in Kabul oder in Oslo als Mädchen zur Welt kommt«;[19] das ist absolut klar. Je nach sozialem und politischem Kontext und in Abhängigkeit vom historischen Moment, können Elemente meiner Identität, die lange Zeit bloß latent vorhanden waren, mit einem Mal und aller Macht zutage treten. Meine weiße Haut hat für mich noch nie ein Element meiner Identität dargestellt, war noch nie etwas, das bei der Konstruktion meiner Identität ins Gewicht gefallen wäre bei meinem mentalen Entwurf meiner selbst; sie hat in der Hierarchie meiner Identität noch nie einen Rang eingenommen, der vergleichbar wäre damit, dass ich eine Frau oder Sizilianerin bin. Sollte ich eines Tages in ein Land ziehen, wo die Mehrheit der Bevölkerung schwarz ist, würde mir wahrscheinlich recht schnell bewusst, dass ich weiß bin.

Es ist also offensichtlich, dass die Gründe für das Überwiegen einiger Elemente unserer Identität gegenüber anderen häufig mit ganz bestimmten persönlichen oder historischen Ursachen zusammenhängen. »Es sind diese Verletzungen«, die jede und jeder von uns in ihrem oder seinem Leben erlitten hat, die »die Einstellung eines Menschen gegenüber seinen Zugehörigkeiten und der unter ihnen waltenden Hierarchie bestimmen«.[20] »Dort wo die Menschen sich in ihrem Glauben bedroht fühlen, scheint ihre Identität vollständig in ihrer Religionszugehörigkeit aufzugehen. Sind indes ihre Muttersprache und ihre Volksgruppe bedroht, führen sie einen erbitterten Kampf auch gegen ihre eigenen Glaubensbrüder.«[21]

Genau dieses intrinsische Explosionspotenzial macht es notwendig, den identitären Konflikt von Anfang an zu entschärfen, anstatt Öl ins Feuer zu gießen. Der Südtiroler Aktivist Alexander Langer berief sich auf den Kampf gegen diese identitäre Logik und weigerte sich, in zwei Volksbefragungen seine ethnische Zugehörigkeit anzugeben – aufgrund dieser Weigerung übrigens durfte er nicht als Bürgermeister von Bozen kandidieren. In seinen »Zehn Punkten für ein Zusammenleben zwischen Volksgruppen, Konfessionen, Ethnien« kann man nachlesen, dass in einer solchen Konfliktsituation – wie sie in Südtirol die italienischsprachige Gemeinschaft von der deutschsprachigen trennte, die in den fünfziger und sechziger Jahren des 20. Jahrhunderts äußerst gewalttätige Ausmaße erreichte – die »›Verräter der ethnischen Geschlossenheit‹ [...] zu den wichtigsten Abwehrkräften« gehören, die eine »kritische Distanz auch zur eigenen Gruppe«[22] bewahren und deshalb unterstützt werden müssen.

Identitären Konflikten sollte man nicht mit identitärer Politik begegnen, sie müssen vielmehr als solche erkannt und entschärft werden. Keinesfalls dürfen sie zum politischen Horizont werden. Die Analyse und Berücksichtigung der Gründe all jener, die einen Teil ihrer Identität bedroht sehen, darf nicht zu identitärer Politik führen, die ihrem Wesen nach diskriminierend sein muss und nicht universal sein kann.

Man läuft schnell Gefahr, die Identität einer Person auf ein einziges der zahlreichen Elemente zu reduzieren, aus denen sie sich zusammensetzt, auch im progressiven Milieu. Man sollte immer ein wachsames Auge darauf haben, es ist nämlich nur ein kleiner Schritt von der legitimen Inanspruchnahme seiner (universellen) Rechte zur Forderung nach identitärer (Sonder-)Anerkennung. Die US-amerikanische Bürgerrechtsbewegung ist ein klassisches Beispiel für einen Kampf, der vor dem Hintergrund der historischen Kontingenz von den Ansprüchen einer unterdrückten Gruppe ausging, in seinem Wesen allerdings ein universaler Kampf war, kein identitärer, denn gefordert wurde die Gleichberechtigung der Schwarzen als Personen, nicht die Zuerkennung von Rechten als Schwarze.

Offensicht nimmt jede emanzipatorische Bewegung – ob aufgrund der Hautfarbe, des Geschlechts oder der sexuellen Orientierung – ihren Anfang bei eng umrissenen, konkreten und inkarnierten Bedürfnissen. Von den eigenen Lebensumständen auszugehen, um eine universelle Forderung aufzustellen, ist legitim; ganz anders ist die Lage jedoch, wenn man bloß hypothetische Lebensumstände als Anlass für die Forderung nach identitärer Anerkennung nimmt.

Sowohl die LGBTQ-Bewegung als auch der Feminismus laufen beispielsweise konkret Gefahr, in diese Falle zu tappen. Ende der achtziger Jahre des 20. Jahrhunderts wurde der Ausdruck »gay community« langsam ersetzt durch das Kürzel LGB – für »lesbian, gay and bisexual« –, das als inklusiver betrachtet wurde. Wenig später kam noch ein T dazu, um auch Transsexuelle einzuschließen. LGBT hat sich einige Jahre gehalten, inzwischen jedoch gehört auch ein Q dazu, für »queer«. Theoretisch sollte unter diesem Oberbegriff alles erfasst werden können, was natürlich nicht funktionierte, also wurden noch ein I für Intersexuelle angefügt und ein A für Asexuelle. Irgendein Genie ist dann noch auf die Idee gekommen, dem inzwischen recht gehaltvollen und unlesbaren Kürzel »LGBTQIA« noch ein Pluszeichen hinzuzufügen, für alle Fälle. Wie viele Buchstaben müssten wir tatsächlich noch anfügen, um alle, wirklich alle möglichen sexuellen Orientierungen zu erfassen?[23] Wer entscheidet, wann die Abkürzung vollständig ist? Prinzipiell kann man sich ohne weiteres vorstellen, dass es immer irgendjemanden geben wird, der sich in keinem dieser vielen Buchstaben wiedererkennt und sich nicht vertreten fühlt – wahrscheinlich hilft auch das gut gemeinte »+« wenig, um die Einforderung nach Anerkennung dieser Person zu beschwichtigen.

Es ist kaum zu übersehen, dass hier ein identitärer Holzweg eingeschlagen wurde, der recht weit ab von der sakrosankten (und universalen) Forderung nach Gleichberechtigung führt. Eine Kurskorrektur lässt sich nur schwer vornehmen, gerade weil es, wie gezeigt, genauso viele (auch sexuelle) Identitäten gibt wie Menschen auf Erden. Versucht man anstelle der Forderung universaler Grundrechte der eigenen Identität über einzelne Buchstaben zur Anerkennung zu verhelfen, hat man am Ende nur ein endloses Kürzel und, damit einhergehend, eine identitäre Abschottung. Auch der Feminismus läuft Gefahr, sich auf einen solchen Holzweg zu begeben, wenn er sich verrenkt und wenn aus einer Bewegung für universelle Emanzipation die Forderung nach Anerkennung für eine mutmaßliche weibliche Spezifität wird.

Nur um Missverständnisse zu vermeiden: Hier wird nicht abgestritten, dass die diversen Gruppen ihre spezifischen Zuschnitte haben – Frauen, Schwarze, Homosexuelle, aber auch Kinder, Behinderte, alte Leute, Kranke. Die Gruppierungen nach spezifischem Zuschnitt sind potenziell unendlich und jede und jeder von uns gehört im Regelfall zahlreichen Gruppen auf einmal an. Was hier infrage gestellt wird ist die Einforderung von Rechten *aufgrund* dieser Eigenheiten. Frauen, Schwarze, Kinder, Homosexuelle haben Rechte, weil sie Menschen sind, so einfach ist das. Diese

Rechte werden dann je nach den Eigenheiten der diversen Subjekte noch weiter aufgefächert, zum Beispiel mit besonderem Schutz für Mütter, einer gezielten Aufmerksamkeit für Behinderungen und maßgeschneiderter Sorgfalt in Bezug auf Kinder. Diese Eigenheiten sind jedoch nicht der Ursprung der entsprechenden Rechte. Eine behinderte Person hat Anspruch auf würdevolle Unterstützung, nicht weil sie behindert ist, sondern weil sie ein Mensch ist. Die konkrete Form der Unterstützung wird dann natürlich von den Erfordernissen des jeweiligen Falles bestimmt. Nicht jeder Kampf von Minderheiten und aufgrund ihrer jeweiligen Besonderheit unterdrückten Gruppen ist automatisch auch ein progressiver und emanzipatorisch motivierter Kampf. Progressiv und emanzipatorisch motiviert sind diese Kämpfe nur, wenn sie zwar von den kontingenten Umständen einer Gruppe ausgehen, dann jedoch keine Sonderrechte einfordern, sondern die Vorzeichen der Universalität in sich tragen.

Die Einforderung identitärer Anerkennung hat nämlich nichts Progressives an sich. Sie ist vielmehr typisch – und so kann der Bogen zurück zu unserem Thema geschlagen werden – für fundamentalistische religiöse Bewegungen, die verlangen, dass Identität auf das Religiöse beschränkt wird, dass Gläubige einer gegebenen Konfession von der übrigen Gesellschaft nicht in ihrer Rolle als vollwertige Bürger anerkannt werden, sondern als Angehörige einer bestimmten Gemeinschaft. Bei einem solchen reduktionistischen Vorgang werden alle anderen Elemente der Identität einer Person in den Hintergrund gedrängt. Nicht ihr Geschlecht, ihre Nationalität und ihre soziale Schicht zählen, nein, sie ist in erster Linie »Christ« oder »Muslim« und so weiter, und nur davon wird bestimmt, wie sich die Gesellschaft zu ihr zu verhalten hat.

Also noch einmal. Es ist eine Sache, bei der kontingenten Unterdrückungssituation einer Gruppe anzusetzen, eine ganz andere wäre es, im Namen dieser Unterdrückung Sonderrechte für die Gruppe als solche einzufordern. (Auf die intrinsische Widersprüchlichkeit eines Begriffs wie »Gruppenrechte« wird im nächsten Kapitel einzugehen sein.) In der Geschichte lassen sich viele Fälle aufzählen, in denen bestimmten Gruppen Sonderrechte als eine Form der Wiedergutmachung für frühere Unterdrückung zugestanden wurden – von den amerikanischen Ureinwohnern bis hin zum Schutz sprachlicher Minderheiten in zahlreichen europäischen Ländern. Historisch betrachtet hat es ohne Zweifel kontingente Fälle gegeben, in denen eine solche Herangehensweise vorübergehend unausweichlich war; sie jedoch zu einem allgemeinen Prinzip zu erheben, ist äußerst riskant. Weshalb haben bestimmte Gruppen Anspruch auf Sonderrechte und andere nicht? Es gibt sicher Einzelfälle, in denen sich das eindeutig und unanfechtbar darstellen lässt. Daneben bleiben jedoch all die Grauzonen, in denen einzig die Willkür der Macht einerseits und die Stärke einer Gruppe andererseits die Sache bewirken. Maalouf bemerkt dazu: »Jede diskriminatorische Praxis ist gefährlich, selbst wenn sie eine vormals leidtragende Gemeinschaft begünstigt.«[24]

Die Diskussion um Anerkennung führt schließlich zu einem paradoxen Resultat. Charles Taylor, einer der wichtigsten Verfechter des Kommunitarismus, vertritt die Meinung – mit Recht –, dass das Bedürfnis nach Anerkennung und das Erheben eines Anspruchs darauf für einen Großteil der politischen Forderungen unserer Zeit charakteristisch ist. Weiter sagt er: »Nichtanerkennung oder Verkennung kann Leiden verursachen, kann eine Form von Unterdrückung sein, kann den anderen in ein falsches, deformiertes Dasein einschließen.«[25] Das Paradoxale verbirgt sich darin, dass Taylor als Reaktion auf diese Gefahr seinerseits die Menschen in monolithische Identitäten einschließen will. Der springende Punkt besteht in der Frage, was genau anerkannt werden soll, die Zugehörigkeit zu einer Gemeinschaft oder die eigene einzigartige und unnachahmliche Identität, die sich freilich teilweise oder ganz mit einer Gruppenidentität decken kann?

Von der legitimen Bitte um Anerkennung der eigenen Menschenwürde rutscht man ab in den Anspruch, dass Gemeinschaften eine von ihren Mitgliedern losgelöste eigene Identität besäßen, die anzuerkennen sei. Aus diesem Ansatz ergibt sich eine entscheidende Konsequenz, dass nämlich die Forderungen der Dissidenten innerhalb der jeweiligen Gemeinschaften ignoriert werden. Diese Dissidenten wollen eben nicht als Mitglieder der entsprechenden Gemeinschaft anerkannt werden – was bedeuten würde, auf eine mutmaßliche kollektive Identität reduziert zu werden –, sondern als Personen. Dissidenten in Minderheitengemeinschaften sind in Gefahr, doppelt diskriminiert zu werden: Ihnen wird Verrat der »eigenen« Gemeinschaft vorgeworfen, und sie werden nicht anerkannt oder, noch schlimmer, seitens der übrigen Bevölkerung als unauthentische Vertreter einer bestimmten Gemeinschaft betrachtet. Das wiederum entspricht der uneingeschränkten Übernahme des fundamentalistischen Narrativs, dem zufolge Dissidenten als Verräter zu betrachten seien.[26]

Wie im nächsten Kapitel zu zeigen sein wird, gehen identitäre Anerkennung und Multikulturalismus Hand in Hand. Genau das ist der Grund, weshalb nichts Progressives daran ist, Multikulturalismus zum politischen Horizont zu machen.

5. Individuum versus Gemeinschaft. Multikulturalismuskritik aus kosmopolitischer Perspektive

»Als Gleiche sind wir nicht geboren, Gleiche werden wir als Mitglieder einer Gruppe erst kraft unserer Entscheidung, uns gegenseitig gleiche Rechte zu garantieren.«
Hannah Arendt, »Es gibt nur ein einziges Menschenrecht«

Die Täuschung des Multikulturalismus

»Multikulturalismus« ist ein trügerisches Wort, weil es viel weitreichendere Implikationen hat, als man auf den ersten Blick vermutet. Oberflächlich betrachtet verweist Multikulturalismus auf die farbenfrohe Begegnung der unterschiedlichsten Traditionen, Sitten und Bräuche, auf kulinarische, modische und musikalische Vielfalt. Man denkt an Kulturfestivals, mediterrane Volkstänze in Norwegen, Kebabläden in London, an arabische Klänge in europäischen Metropolen, daran, dass Pizza längst zu einem internationalen Gericht geworden ist und dennoch untrennbar mit Italien verbunden bleibt, an gegenseitige Befruchtungen in bildender Kunst und Literatur.

So weit ist alles in Ordnung. Problematisch wird es, wenn aus der Tatsache einer multiethnischen und multikulturellen Gesellschaft, also aus einer Vielfalt von Sprachen, Bräuchen, Sitten, Traditionen, Religionen und Ethnien innerhalb ein und derselben Gesellschaft, das Prinzip abgeleitet wird, dass die Mitglieder der politischen Gemeinschaft je nach Zugehörigkeit zu einer der vielen ethnisch-kulturell-religiösen »Gemeinschaften« unterschiedlich behandelt werden müssten und dass »Minderheitenkulturen« als solche zu schützen seien, und zwar genau so, wie sie sind oder man annimmt, dass sie seien. Anders gesagt, es wird gefährlich, wenn man aus einer Pluralität von Bräuchen, Sitten, Traditionen, Sprachen und Glaubensrichtungen eine Pluralität von Rechten ableitet, da das unausweichlich zu einer Pluralität von Rechtssystemen führt. Dieser Ansatz hat in vielen europäischen Ländern dem Integrationsprozess von Einwanderern schwer geschadet.[1]

Nach der Logik des Kommunitarismus oder Multikulturalismus[2] wird von eindeutig identifizierbaren und de-finierbaren »Objekten« ausgegangen, »Kulturen«, die mithilfe speziell auf sie zugeschnittener politischer Maßnahmen geschützt werden müssen. Allerdings sind »Kulturen« keine natürlichen Objekte, die man durch Beobachtung der Gesellschaft ausmachen könnte, sondern stellen selbst gesellschaftliche Konstrukte dar, die in einem konstanten Wandlungsprozess begriffen sind. Anstatt eine »Aufnahme« der Wirklichkeit zu machen, *formt* der multikulturalistische Ansatz eben jene Wirklichkeit, wodurch er die »Gemeinschaften« allererst erschafft, von deren Präexistenz er dann ausgeht. Dabei weist er ihnen – und in letzter Konsequenz den Individuen, die sich als Träger der jeweiligen Kulturen betrachten – eine Reihe von Merkmalen zu, die sie in seiner Vorstellungswelt ausmachen. So werden diese Personen in Kategorien und Stereotype gepfercht, die immer zu eng oder zu weit gefasst sind und nie die Komplexität einer einzelnen Identität erfassen können.

Unter diesem Gesichtspunkt ist es besonders interessant zu untersuchen, was sich in den vergangenen Jahrzehnten in Großbritannien ereignet hat. Auch aufgrund der imperialistischen Vergangenheit des Vereinten Königreichs und der Sonderbeziehungen, die nach wie vor mit den Commonwealth-Ländern bestehen,[3] ist es großenteils zur Einwanderung von Personen aus den Ländern Südostasiens gekommen. Lange Zeit war die Herkunftsnation für Einwanderer aus dieser Region das Kriterium, nach dem sie sich gruppierten – und gruppiert wurden. Es gab die Inder, die Pakistaner und die »Bangla«. Damals existierte keine »islamische Gemeinschaft«.[4] Das heißt selbstverständlich nicht, dass unter diesen Personen keine Muslime waren, sondern dass für die Definition und die Zuschreibung von Identität die Nationalität viel stärker ins Gewicht fiel als der Glaube. Irgendwann haben diese Personen »entdeckt«, dass sie Muslime sind, was bedeutet, dass der Glaube zunehmend als identitäre Konnotation an Relevanz gewann und die übrigen Elemente in den Hintergrund drängte. Die ursprünglich plurale und geografische Konnotation wurde nach und nach durch eine singuläre und religiöse ersetzt, was Personen mit vollkommen unterschiedlichen Geschichten, Bräuchen, Sitten, Traditionen und Sprachen unter einem Dach versammelte.

Der 1960 geborene Kenan Malik, ein britischer Schriftsteller indischer Herkunft, erzählt aus seiner Jugend, dass es in den siebziger und frühen achtziger Jahren für einen in Indien geborenen Jungen wie ihn weniger prägend war, Muslim zu sein, als eine dunkle Hautfarbe zu haben und zur Arbeiterschicht zu gehören. Einerseits also ein Element, das jemanden wie Malik mit den Idealen der Bürgerrechtsbewegung in den USA verband, und andererseits eine typisch politische Konnotation, die soziale Schicht. Wie Malik erzählt, hatten damals die Einwandererorganisationen einen politischen Zuschnitt, keinen religiösen, und waren üblicherweise laizistisch und links. Den Ursprung des Paradigmenwechsels sieht er in der multikulturalistischen Politik der damaligen Regierungen. »Die Politik des Multikulturalismus entwickelte sich nicht als Antwort auf Bedürfnisse von Minderheiten, sondern trug vor allem dazu bei, diese Minderheitengruppen überhaupt erst zu schaffen, indem sie den Menschen Identitäten zuwies und die internen Konflikte ignorierte, die innerhalb von Klassen, Geschlechtern und Religionsgruppen bestehen. Sie stärkte nicht die Minderheiten selbst, sondern sogenannte Führungspersönlichkeiten in jenen Gemeinschaften, die ihre Position und ihren Einfluss größtenteils der Beziehung verdanken, die sie zum Staat haben. [...] Es waren nicht die Minderheiten, die Politiker zwangen, eine multikulturelle Politik zu betreiben, sondern genau umgekehrt: Der Wunsch, die eigene kulturelle Identität zu zelebrieren, bildete zumindest teilweise die Folge der Einführung multikulturalistischer Politikstrategien.«[5]

Einer der Gründe für die Regierungen, so zu handeln, liege, so Malik, in der bewussten Absicht, von politischen Interessen abzulenken, den Klassenzusammenhalt zu brechen und durch eine religiöse Solidarität zu ersetzen. Um das zu erreichen, ist eine gezielte Hierarchisierung der verschiedenen identitären Elemente ein vorzügliches Mittel.

Wie im vorhergehenden Kapitel gezeigt, ist die Identität einer und eines jeden von uns ein komplexes Prisma, dessen diverse Facetten je nach Kombination von Umständen die Vorherrschaft übernehmen, mal diese, mal jene. Der multikulturalistische Ansatz drängt darauf, nicht in Faktoren wie beispielsweise dem Geschlecht oder der sozialen Schicht das ausschlaggebende Element der Identität zu sehen, sondern in der Religion oder der ethnischen Zugehörigkeit. Religiöse oder ethnische Aspekte auf Kosten anderer Elemente hervorzuheben, hat soziale und politische Konsequenzen von großer Bedeutung, weil so eine identitäre Solidarität auf Kosten einer klassen- oder geschlechtsbasierten Solidarität gefördert wird.

In diesem Fall hat der multikulturalistische Ansatz in Großbritannien eine wesentliche Rolle in der Hierarchisierung der unterschiedlichen Elemente gespielt, die die Identität der Einwanderer aus den Ländern Südostasiens charakterisierten. So wurde eines hervorgehoben und verstärkt, nämlich das religiöse Element, dass zwar durchaus vorhanden war, aber zuvor nicht zu den identitären Elementen gehörte. Das kann als klassisches Beispiel für die Wirkung des Paradigmas der Heteronomie gelten, um das es im Abschnitt »Vom Individuum zur Gruppe und andersherum« ging. Es verleitet dazu, von Mal zu Mal diejenigen Merkmale der Identität auszuwählen, die »zählen«, wodurch einige auf Kosten der übrigen bevorzugt werden.

Die Kulturen zu essenzialisieren und den religiösen Aspekt ins Zentrum der Aufmerksamkeit zu rücken – wobei alle anderen Merkmale vernachlässigt werden, unter deren Zeichen Individuen sich zusammentun könnten – ist übrigens auch der typische Kniff der Fundamentalisten, allen voran der islamischen. Nicht umsonst fordern diese Muslime immer wieder dazu auf, die islamische Umma, die alle Muslime der Welt verbindet, als wichtigsten Identifizierungshorizont zu betrachten. Alle anderen Elemente, die sie stattdessen auszeichnen könnten, etwa im Zusammenhang mit Herkunftsländern oder derzeitigen Wohnorten, werden vernachlässigt. Das läuft auf eine regelrechte politische Aktion hinaus, die unter anderem darauf abzielt, die Bindungen zwischen Einwanderern muslimischen Glaubens und dem Land, in dem sie sich niedergelassen haben, zu schwächen. Im multikulturalistischen Narrativ, das derzeit und insbesondere bei den Linken so beliebt ist, findet hier das fundamentalistische Narrativ einen unerwarteten Verbündeten. Was nämlich bei der Festlegung »deiner« Identität zählt, ist weder das Geschlecht noch die Nationalität oder die soziale Schicht, sondern allein der Glaube; alles andere rückt in den Hintergrund.

Wie das ganz konkret funktioniert, erklärt Malik anschaulich:»Versetzen Sie sich in die Lage eines weltlichen Bangladeschi aus einem heruntergekommenen Stadtteil Birminghams. Sie betrachten sich selbst nicht als Muslim, möglicherweise nicht einmal als Bangladeschi. Aber Sie möchten, dass in Ihrem Viertel ein neues Stadtteilzentrum gebaut wird. Wenn Sie argumentieren, dass die Wohngegend arm und benachteiligt ist, werden Sie nur schwer die Aufmerksamkeit des Rats erringen. Sagen Sie aber, die muslimische Minderheit werde benachteiligt oder es fehle ihr an etwas, öffnen sich auf einmal die städtischen Geldsäckel – nicht, weil der Stadtrat ganz besonders gerne Muslimen hilft, sondern weil das Attribut ›Muslim‹, im Gegensatz zu Attributen wie ›arm‹ oder ›benachteiligt‹, in der Bürokratie als authentische Identität gilt. Mit der Zeit werden Sie anfangen, sich selbst in diesen Kategorien zu betrachten, nicht nur, weil diese Identitäten Ihnen einen Zugang zur Macht verleihen, sondern auch, weil diese Identitäten durch permanente Bestätigung und Verstärkung an sozialer Realität gewinnen. Durch diese Brille werden Sie betrachtet, folglich betrachten Sie sich selbst mehr und mehr auf diese Weise.«[6]

Diese Deutung Maliks wird auch von Sen bestätigt:»Die Tendenz, religiöse Führer der Hindu oder Sikh als Sprecher für die gesamte Hindu- beziehungsweise Sikh-Bevölkerung Großbritanniens zu wählen, ist ein weiteres Merkmal desselben Prozesses. Anstatt britische Bürger mit vielfältigem Hintergrund zu ermutigen, in der Zivilgesellschaft miteinander zu interagieren und sich als Bürger in die britische Politik einzubringen, werden sie dazu aufgefordert, mittels ›ihrer eigenen Gemeinschaft‹ zu ›handeln‹.«[7]

Malik steht auch der deutschen Herangehensweise an die Frage sehr kritisch gegenüber: »Anstatt eine offene Gesellschaft zu schaffen, die Einwanderer als Gleichwertige willkommen heißt, reagierte die deutsche Politik seit den 1980er Jahren auf das sogenannte ›Türkenproblem‹ mit einer Variante des Multikulturalismus. Anstatt ihnen die Staatsangehörigkeit und einen echten Status in der Gesellschaft zuzugestehen, ›erlaubte‹ man den Einwanderern, ihre eigene Kultur, ihre eigene Sprache und ihren eigenen Lebensstil beizubehalten. Die Folge war die Bildung von Parallelgesellschaften. (›Parallel Communities‹ – ein Ausdruck, der durch seine Verwendung im offiziellen Bericht zu den Krawallen im nordenglischen Oldham aus dem Jahr 2001 in Großbritannien sehr populär wurde.) Diese Politik stand nicht so sehr für Respekt vor Vielfalt, sondern bildete eher einen Versuch, der Frage auszuweichen, wie sich eine gemeinsame, inklusive Kultur schaffen lassen könnte.«[8] Heute, da mehr und mehr Spannungen unsere Gesellschaften durchziehen, wird deutlich, wozu es führen kann, wenn man Parallelgesellschaften kreiert, statt auf eine gemeinsame Kultur und vollwertige (Staats-)Bürgerschaft zu setzen.

Die entscheidende Frage lautet: Sind Personen in erster Linie als Vertreter derjenigen Kultur und derjenigen Gemeinschaft anzusehen, in die sie durch Zufall hineingeboren wurden, oder als autonome Bürger, die in ein dialektisches und reifes Verhältnis zur eigenen Kultur treten können, kurz, Identität als kommunitaristische Zugehörigkeit oder als Staatsbürgerschaft? Diese beiden Sichtweisen führen zu entgegengesetzten politischen Resultaten: Wo erstere Gleichgültigkeit und die Beibehaltung des Status quo mit sich bringt, wenn nicht sogar die Befeuerung identitärer Konflikte, veranlasst letztere politische Entscheidungen zur

Unterstützung und Förderung der Fähigkeit des Einzelnen, auf reife, dialektische und autonome Weise mit dem eigenen Hintergrund zu interagieren.

Multikulturalismus – also die Behandlung unterschiedlicher Gruppen als getrennte Gemeinschaften, anstatt die einzelnen Individuen als vollwertige Rechtssubjekte ins öffentliche Leben miteinzubeziehen – schafft eben jene Segmentierung der Gesellschaft, die er seinen Worten nach abwehren möchte. Was daraus folgt, ist auf Dauer kein »Multikulturalismus«, sondern, mit Sen gesprochen, ein »pluraler Monokulturalismus«; ein Wuchern von Parallelgesellschaften, von denen jede einzelne Sonderrechte beansprucht: »Gilt die Existenz einer Vielfalt von Kulturen, die möglicherweise wie Schiffe in der Nacht aneinander vorbeifahren, als gelungenes Beispiel für Multikulturalismus?«[9] So wird derzeit eine segregierte Gesellschaft geschaffen, in der man vielleicht auf die Erhaltung des sozialen Friedens hoffen darf, dafür jedoch Gefahr läuft, dass die Verletzung grundlegender Rechte zur Tagesordnung gehört. Verliert man andererseits die Person als solche aus den Augen – die Person in ihrer Gänze, versteht sich, mitsamt ihrer Geschichte und ihrer komplexen Identität, also Elementen, die über die Person zum Vorschein kommen und ihr nicht etwa übergeordnet sind – und betrachtet sie bloß noch durch den Zerrspiegel ihrer Herkunftskultur, treibt man unausweichlich auf eine Gesellschaft zu, die sich in segregierte Parallelkulturen unterteilt.

Ein entsprechender Prozess hat sich in Frankreich vollzogen. Roy beschreibt ihn folgendermaßen: »Als die jungen Beurs [Kinder maghrebinischer Immigranten; Anm. der Autorin] der achtziger Jahre aus den Banlieues kamen, übernahmen sie den dominanten Integrationsdiskurs, anstatt sich für eine Differenz einzusetzen [...]: Sie waren vor allem

Antirassisten, das heißt, sie waren gegen jede Kennzeichnung einer Alterität, sie verweigerten sich dem Kommunitarismus jedweder Couleur und bezogen sich nicht auf den Islam. [...] Später, in den neunziger Jahren, kam ein strukturierter islamischer Diskurs auf, der sich in zwei Typen inkarnierte: dem bärtigen Salafistenprediger [...] und dem geschniegelten Intellektuellen, der ein perfektes Französisch spricht und seinerseits die Apologie einer grundlegenden Differenz betreibt, nämlich der eines Glaubens, der sich ohne Komplexe zur Schau stellt.«[10]

Innerhalb weniger Jahre hat die identitäre Konnotation über Religion und Kultur – einer Religion und einer Kultur, mit denen diese jungen Menschen häufig keine persönliche und unmittelbare Erfahrung gemacht haben, was allerdings noch zu deren weiterer Überhöhung beiträgt – immer stärker Fuß gefasst und den Jugendlichen der zweiten und dritten Generation einen Sinnhorizont geboten, wie man ihn auf anderem Weg nur schwerlich findet. Dieses Phänomen hat sich nicht von selbst ereignet und ist auch nicht Teil eines natürlichen Gangs der Dinge – und hier kehren wir zur politisch-normativen Betrachtungsweise zurück. Die Geschichte der Menschheit ist nicht bloß eine simple Abfolge von Ereignissen, sondern immer das Ergebnis von Entscheidungen, die jeweils mehr oder weniger bewusst getroffen wurden. Das unterstreicht auch Roy: »Die ›Kommunitarisierung‹ ereignet sich nicht spontan. Sie wird von Gemeinschaftsführern betrieben, die behaupten, für alle zu sprechen, damit der Staat sie anerkennt.« Außerdem würde die »muslimische Gemeinschaft« »ohne die Regierung nach nur einem Tag implodieren«.[11]

Wie aber hilft die Regierung tatkräftig mit? Beispielsweise dadurch, dass sie in der Diskussion um die Integrationspolitik diese »Führer der Gemeinschaft« als Gesprächspartner akzeptiert, die sich selbst zu den einzigen und authentischen »Vertretern der gesamten Gemeinschaft« ernannt haben. Man kann sich leicht vorstellen, dass es sich in der Mehrzahl der Fälle dabei um Angehörige eher fundamentalistischer Minderheiten innerhalb des Islams handelt, die sich der öffentlichen Meinung dank ihrer vehementen politischen Aktivität aufdrängen können. Je laizistischer wiederum die Gläubigen sind, desto weniger sind sie in ihrer »Rolle als Gläubige« politisch militant, desto weniger neigen sie dazu, sich in Gemeinschaften zu organisieren; sie sind unsichtbar. Das Paradoxale an politischen Maßnahmen, die sich lauthals für die Integration einsetzen wollen, liegt darin, dass sie sich in der Regel ihre Gesprächspartner unter jenen suchen, die eine Fragmentierung der Gesellschaft anstreben.

Wenn aber »die Gemeinschaften« als monolithische und unveränderliche Fakten gar nicht existieren, wie lässt sich dann in der Theorie die Überzeugung rechtfertigen, man müsse für jede einzelne Gemeinschaft ein System maßgeschneiderter Regeln aufstellen? Der Multikulturalismus ist nur ein Beispiel unter vielen für eine Ideologie, die sich ihren Gegenstand erfindet, um die eigene Existenz zu rechtfertigen.

Gänzlich widersprüchlich wird es dann, wenn der multikulturalistische Ansatz unter Berufung auf die Freiheit der Kulturen verteidigt wird. Sen argumentiert: »In einen bestimmten sozialen Hintergrund hineingeboren zu werden stellt für sich genommen noch keine Ausübung kultureller Freiheit dar, da es sich dabei nicht um eine bewusste Entscheidung handelt. Im Gegensatz dazu wäre es Ausübung der eigenen Freiheit, sich bewusst für ein strenges Festhalten am Modus dieser Tradition zu entscheiden, sofern die Entscheidung nach Abwägung der Alternativen getroffen würde.«[12]

Um dieser Bedingung nachzukommen, müssen zunächst einige Voraussetzungen erfüllt sein, angefangen bei einem öffentlichen und laizistischen Bildungssystem. Auch muss man die Frage beantworten, welchen Konsequenzen sich jemand ausgesetzt sähe, der sich für eine Alternative entscheiden sollte. Nur wenn man ungeachtet der getroffenen Entscheidung keinerlei Konsequenzen riskiert – nicht bloß in Bezug auf die körperliche Unversehrtheit (keine Lebensgefahr, keine körperlichen Strafen, keine Haft), sondern auch im Hinblick auf die wirtschaftliche Situation und die sozialen Beziehungen (Akzeptanz seitens der eigenen Familie und der Gemeinschaft, berufliche Chancen) –, nur dann kann die Entscheidung tatsächlich als frei gelten. Wann immer eine Entscheidung Konsequenzen hat, und sei es »nur« Widerstand innerhalb der eigenen Gemeinschaft – wie im erwähnten Fall des Journalisten, der die Zeugen Jehovas verlässt und von der gesamten Gemeinschaft geächtet wird (siehe Kap. 2 Anm. 14) –, kann sie nicht frei getroffen werden.

Natürlich ist auch klar, dass es eine *vollkommen* freie Entscheidung nicht geben kann, höchstens in Gedankenexperimenten. Das soll jedoch nicht heißen, dass der Grad der Freiheit nicht irgendwie bestimmbar sei und dass man auf einem Spektrum, das von einer mit physischer Gewalt erzwungenen unfreien Entscheidung bis zu einer absolut frei getroffenen reicht – die als Ziel anzustreben ist, auch wenn sie nicht erreicht werden kann –, nicht ausmachen könne, welchem der beiden Pole man näher ist.

Das Missverständnis des »Respekts« und die unbewussten Rassisten

Das multikulturalistische Denken hat auch zahlreiche linke Militante, Politiker und Intellektuelle angesteckt, denen nicht bewusst ist, dass es sich dabei im Grunde um eine intrinsisch rassistische Weltsicht handelt. Wie bereits gezeigt stützt sich der multikulturalistische Grundgedanke in mehr oder weniger bewusster Weise auf die Vorstellung, dass es eine »reine«, »authentische« und »wahre« Form einer bestimmten Kultur geben müsse und dass daneben Degenerierungen, Kontaminierungen und Unreinheiten existierten, von denen sie zu »befreien« sei.

Was genau ist jedoch damit gemeint, wenn man sagt, man wolle eine Kultur »bewahren«? Kulturen kann man nicht behandeln wir Museumsstücke, die starr und unveränderlich sind. Man kann nicht heute ein Aufnahme von einer Kultur machen – die häufig ohnehin nur partiell und verzerrt wäre, auf der die dissonanten, ketzerischen und abtrünnigen Elemente ausgeblendet wären, die es in jeder Kultur gibt – und erwarten, sie so einbalsamieren zu können. Und was ist mit all den Kulturen, die bereits verschwunden sind? Und all den zukünftigen, die entstünden, wenn wir dem Spiel der Interaktionen freien Lauf ließen und nicht das Schreckgespenst des »Respekts« einsetzten, das sich häufig in Scheuklappen und Knebel verwandelt?

Für Taylor ist eine Politik, die sich allein aus dem Prinzip der gleichwertigen Würde, der Gleichachtung aller Individuen speist, «unaufgeschlossen gegenüber der Differenz«,[13] weil sie seiner Auffassung nach nicht in der Lage ist, das zu gewährleisten, was kulturelle Gemeinschaften, die nicht der Mehrheit angehören, fordern, ihr Überleben. Genau das ist der springende Punkt. Ist denn das Überleben einer Kultur – einer beliebigen Kultur und aller Elemente der Kultur – für sich genommen ein Wert? »Lebensformen, die ungerecht, grausam oder autoritär sind, können auch schön, interessant und faszinierend sein. Wir müssen entscheiden, ob der ästhetische Wert der Pluralität kultureller Lebensformen [...] vor der Freiheit, Gerechtigkeit und Würde rangieren soll, die all ihren Angehörigen [...] zusteht«,[14] warnt uns Seyla Benhabib.

Denkt man sich Kulturen als Monolithen, behandelt man sie, als wären sie wandlungsunfähig, unbeweglich und in ihrem aktuellen Zustand erstarrt. Man macht sie so zu Dingen, die man nur betrachten kann. Denkt man sich Kulturen als Monolithen, bedeutet das das Ende der Geschichte. Was heißt das denn, »Respekt« für eine Kultur? Wieso sollte ich ausgerechnet diese eine Kultur, in dieser spezifischen Zusammensetzung und in genau diesem Augenblick »respektieren«? Was ist mit all jenen, die hier und jetzt ihre Kultur sozusagen von innen infrage stellen, eine Haltung, die üblicherweise von den Konservativen jedweder Couleur als »Mangel an Respekt« betrachtet wird? Dieser »Respekt« wird immer von denjenigen ins Spiel gebracht, die den Status quo aufrechterhalten wollen. Und viel zu oft wird das Wort als Synonym für »Urteilsenthaltung« verwendet. In dieser Auslegung heißt »jemanden respektieren«, dass man nichts an »seiner« Welt infrage stellen kann. Es handelt sich dabei also eher um Gleichgültigkeit oder manchmal ehrfürchtige Angst (Ehr-furcht) als um Respekt. Das ist die mafiöse, tribale und patriarchale Auslegung von Respekt, die verlangt, dass die »anderen« sich raushalten und sich nicht in die Angelegenheiten der Familie, des Clans einmischen.[15]

Das Gegenüber als Träger ein und derselben Menschlichkeit, deren Träger man selbst ist, zu respektieren, bedeutet, in jeder und jedem dieselbe Fähigkeit zu autonomem Leben anzuerkennen und jede und jeden als autonomes moralisches Subjekt zu betrachten. Damit jeder Mensch das Recht hat, frei zu leben, ohne den Erpressungen mafiöser Organisationen, religiöser Fundamentalisten und der patriarchalen Struktur der Gesellschaft ausgeliefert zu sein, aus genau diesen Gründen muss man sich erheben und jeden Aspekt einer jeden Kultur kritisch betrachten, von den vertrauten Kulturen bis hin zu den scheinbar entferntesten – weil jedes menschliche Wesen mein Mitmensch ist.

»Jemanden respektieren«, schreibt Maalouf, »seine Geschichte respektieren, verlangt, dass man ihn als Angehörigen derselben Menschheit betrachtet und nicht als Angehörigen einer anderen, einer zweitklassigen Menschheit«,[16] der andere oder besondere Rechte zustehen. Keine Kultur verdient Respekt, bloß weil sie eine Kultur ist. Auch unsere nicht.[17] Wir müssen die Kultur der anderen mit demselben Respekt behandeln, den wir für die unsrige aufbringen, und das bedeutet, sie einer strengen Kritik zu unterziehen: »Die Traditionen verdienen nur in genau dem Maße respektiert zu werden, als sie ihrerseits die Grundrechte von Frauen und Männern respektieren. Die Achtung diskriminierender Gesetze oder ›Traditionen‹ kommt einer Missachtung ihrer Opfer gleich. Alle Völker und alle Doktrinen haben in bestimmten Momenten ihrer Geschichte Verhaltensweisen ausgeprägt, die im Zuge der mentalen Entwicklung als unvereinbar mit der Würde des Menschen erkannt wurden. Nirgendwo wird man sie mit einem Federstrich beseitigen; das entbindet aber nicht von der Verpflichtung, sie anzuprangern und auf ihr Verschwinden hinzuarbeiten.«[18]

Respekt »schulden« wir Personen, nicht den Vorstellungen, die diese Personen vertreten, nicht den Traditionen, die diese Personen am Leben erhalten, und genauso wenig den Rollenvorstellungen, die diese Personen verkörpern. »Die Glaubensfreiheit von Gläubigen zu respektieren«, schreibt Peña-Ruiz, »muss nicht heißen, dass man auch ihren Glauben respektiert.«[19] Zwischen Glauben und den Personen zu unterscheiden, die Träger dieses Glaubens sind, ist unerlässlich für eine gesunde öffentliche Auseinandersetzung. Das jeweilige Gegenüber in einem Dialog zu respektieren, darf nicht bedeuten, dass man seine Glaubenssätze nicht infrage stellen darf, denn das wäre gleichbedeutend mit einem Ende des Dialogs, noch bevor er begonnen hat.

Maajid Nawaz bezeichnet diejenigen Vertreter des linken Spektrums, die eine multikulturalistische Haltung verfechten als »Regressive«. »Sie sind im Grunde umgekehrte Rassisten. Sie haben armselige Erwartungen an Minderheitengruppen, denen sie Homogenität und eine den Menschenrechten gegenüber intrinsisch ablehnende Haltung zuschreiben. Ihr Blick auf die [nah- bzw. fern-]›östliche‹ – und in meinem Fall islamische – Kultur ist kulturell reduktionistisch, und kulturell deterministisch ist ihr Versuch, ihr Bild von dieser Kultur einzufrieren, um ihren eigenen orientalistischen Fetisch zu erfüllen. Sie hinterfragen zwar zu Recht alle Facetten ihrer ›eigenen‹ westlichen Kultur im Namen des Fortschritts, aber sie zensieren liberale Muslime, die dasselbe im Islam versuchen, und ergreifen stattdessen im Namen von ›kultureller Authentizität‹ und Antikolonialismus die Partei aller regressiven Reaktionäre.«[20]

Eine Position, die »Kulturen erhalten« möchte, was auch immer damit gemeint sein mag, ist inhärent konservativ. »Kulturen« hängen untrennbar mit den gesellschaftlichen, wirtschaftlichen und politischen Bedingungen der jeweiligen sozialen Gruppe zusammen, und jeder Kontext erschafft eine wie auch immer geartete eigene Form von »Kultur«. Eine Kultur, Tradition und so weiter zu erhalten, zu bewahren, bedeutet häufig auch, dass man davon absieht, die sozio-ökonomischen, marxistisch gesprochen »strukturellen« Verhältnisse zu verändern, die sie erst hervorgebracht haben. Konsequent umgesetzt, führt der multikulturalistische Ansatz zu dem Paradox, die sozialen und wirtschaftlichen Kräfteverhältnisse auf keinen Fall zu hinterfragen, um ja die Kulturen zu bewahren, die daraus hervorgegangen sind.

Die Emanzipation der diversen sozialen Gruppen bringt unweigerlich den »Verlust« gewisser kultureller Elemente mit sich, dabei entstehen aber auch neue. In Anlehnung an das Markusevangelium könnte man sagen, dass die Kulturen für die Menschen gemacht sind und nicht umgekehrt.[21] Die Menschen sind es, die, mit Kant, immer als Selbstzweck zu behandeln sind, während man »Kulturen« oder, besser, den Werkzeugkasten, der von den jeweiligen »Kulturen« bereitgestellt wird, auf schamlos instrumentalisierende Weise verwenden können muss. Das Gute muss als Gutes herausgepickt werden können, während man liegen lässt oder, wo nötig, bekämpft, was nicht zur Emanzipation jedes einzelnen Menschen beiträgt.[22]

Der multikulturalistische Ansatz ist hingegen essenzialistisch, und als solcher inhärent reaktionär und rassistisch. Er betrachtet das Andere als einheitlichen Monolithen und maßt sich an, die »authentische Kultur« und die authentischen Vertreter dieser Kultur erkennen zu können. Ein präzises Inventar von Merkmalen zu erstellen und zu meinen, dass die Mitglieder einer bestimmten Gruppe dieser Liste zwingend entsprechen müssten, um als »legitime« Vertreter dieser Kultur gelten zu können – genau dazu führt ein konsequent zu Ende gedachter Multikulturalismus –, unterscheidet sich nicht wesentlich von der Einstellung, es gebe biologische und genetische Unterschiede, die es unmöglich machten, dass jemand an einer anderen Kultur als der eigenen teilhabe, oder die verhinderten, dass Elemente der eigenen Kultur abgelehnt würden, die als unpassend empfunden werden, dass man die eigene, ganz persönliche Identität auf vollkommen autonome Art und Weise forme.

Multikulturalisten haben häufig die besten Absichten, allerdings pflastern sie einen Weg, der direkt in die Hölle des Rassismus führt. Der Satz an Merkmalen, der eine bestimmte Kultur »authentisch« machen soll, wird nämlich von »uns« bestimmt, da dieser Ansatz, Kulturen als unveränderliche Gegenstände zu betrachten, die bewahrt werden müssten, nur bei den Kulturen der »anderen« Anwendung findet. Unsere eigene wird einem ständigen Prozess der Kritik unterzogen und konstant hinterfragt.

In diesem Diskurs wird immer ausgelassen, dass »die anderen« in Bezug auf die eigene Kultur genauso handeln. Anders gesagt, in jedem Winkel der Welt und zu jedem Zeitpunkt in der Geschichte der Menschheit gibt es in jedem kulturellen Kontext Bewegungen von Andersdenkenden, die ihre Traditionen, ihre Geschichte und ihre Kultur infrage stellen. Zu glauben, dass die »anderen« Kulturen heilige Objekte seien, die Schutz verdienten, ist Ausdruck moralischen Hochmuts (und schlussendlich rassistisch), weil das diesen »anderen« die Fähigkeit und das Recht abstreitet, die eigene kulturelle Tradition zu hinterfragen. Es ist kein Zufall, dass die schwerwiegendste Konsequenz eines multikulturalistischen Ansatzes darin besteht, Diversität innerhalb der Gemeinschaften von Minderheiten zu leugnen. Das verleitet dazu, alle andersdenkenden Bewegungen zu ignorieren – oder gar als Produkte einer erzwungenen »Verwestlichung« abzutun –, die in ihren Ländern für die Menschenrechte streiten. Malik schreibt: »Das Problem dieses Arguments liegt darin, dass das, was als Beleidigung eines ganzen Kollektivs betrachtet wird, in Wahrheit oft eine Debatte *innerhalb* jener Gemeinschaft widerspiegelt.«[23]

Gruppenrechte – eine Contradictio in Terminis

Der kanadische Philosoph Will Kymlicka, ein Verfechter des »liberalen Multikulturalismus«, meint, es sei notwendig, »die Prinzipien der Menschenrechte um eine Theorie zu Minderheitenrechten zu ergänzen«, weil erstere viele Probleme unbeantwortet ließen.»Das Recht auf freie Meinungsäußerung sagt nichts darüber, welches die korrekte Sprachpolitik dafür ist; das Recht auf Wahlen sagt nichts darüber, wie politische Grenzen zu markieren sind, und auch nicht, wie die Macht auf die diversen Regierungsebenen verteilt werden soll; das Recht auf Freizügigkeit sagt nichts darüber, welche Einwanderungs- und Einbürgerungspolitik die richtige ist.«[24]

Auch wenn es stimmt, dass das bloße Ausrufen bestimmter Rechte noch keine unmittelbare politische Umsetzung mit sich bringt, ist es gewiss keine Lösung, das zweifelhafte Konzept von »Gruppenrechten« oder »Kollektivrechten« einzuführen. Dass sich Rechte auf Personen in ihrer Funktion als Person beziehen und nicht als Angehörige einer bestimmten Gruppe, ist eine Vorbedingung für Freiheit. Wäre andersherum der Anspruch auf Rechte an bestimmte ethnische, sprachliche oder religiöse Zugehörigkeiten gebunden, bedeutete das das Ende des Gleichheitsprinzips, und man entzöge den Personen wichtige Hilfsmittel für die Emanzipation von ihrer Gemeinschaft.

Die Vorstellung, man müsse besondere »Gruppenrechte« ausmachen, wird üblicherweise mit der Notwendigkeit des Minderheitenschutzes begründet. Allerdings sind »Mehrheiten« und »Minderheiten« historisch determinierte Größen, die sich mit der Zeit verschieben. Eine progressive Politik sollte nicht vorrangig zum Ziel haben, Minderheiten als solche zu schützen, sondern vielmehr den Einzelnen kulturelle, wirtschaftliche, gesellschaftliche und politische Hilfsmittel bereitstellen, um sich von der eigenen Herkunftsgemeinschaft frei machen zu können, falls nötig sogar von der eigenen Familie. Für das einzelne Individuum ist die »Macht«, die die eigene Gemeinschaft über es hat – sosehr sie »Minderheit« sein mag –, dennoch immer ein Übergriff des Stärkeren auf den Schwächeren.

Was bedeutet denn, einmal zu Ende gedacht, die Forderung nach Anerkennung von Gruppenrechten anderes als die Überzeugung, dass die Gruppe konzeptionell dem Individuum vorangestellt ist? Kymlicka erahnt selbst die Gefahr, dass Kollektivrechte gegen die Freiheit und Autonomie der Gruppenmitglieder eingesetzt werden könnten, weshalb er zwischen zwei Auslegungen unterscheidet: »Der Ausdruck Kollektivrechte kann sich einerseits auf das Recht einer Gruppe beziehen, die Freiheit der einzelnen Gruppenmitglieder im Namen der Gruppensolidarität oder der kulturellen Reinheit einzuschränken (interne Einschränkung); andererseits auf das Recht einer Gruppe, die wirtschaftliche und politische Macht einzuschränken, die von der Mehrheit der Gesellschaft auf die Gruppe ausgeübt wird, um so zu gewährleisten, dass die Ressourcen und Institutionen, von denen die Minderheit abhängt, nicht den Entscheidungen der Mehrheit unterworfen sind (externer Schutz).«[25]

Die erste Auslegung, die zu Einschränkungen innerhalb der Gruppen führt, müsse abgelehnt werden, während die andere, die einen Schutz der Gruppe vor externen Bedrohungen durch die Mehrheit darstellen soll, zu unterstützen sei. Diese Unterscheidung ist jedoch nur bis zu einem gewissen Punkt eindeutig, was auch Kymlicka selbst einräumen muss: »Maßnahmen, die für den externen Schutz gedacht sind, bringen häufig Konsequenzen für die Freiheit der Mitglieder im Inneren der Gemeinschaft mit sich.«[26] Das sei beispielsweise bei den häufig angeführten Gesetzen gegen die Islamophobie der Fall, die »einige muslimische

Führer in erster Linie fordern, um damit die Apostasie innerhalb der muslimischen Gemeinschaft zu kontrollieren und nicht so sehr die Meinungsfreiheit der Nichtmuslime«.[27] Solche Fälle machen jedoch deutlich, dass der Schutz der Freiheit jedes einzelnen Individuums innerhalb der Gemeinschaft Priorität genießen und allem anderen übergeordnet sein muss.

Kymlickas Haltung zeigt außerdem, dass mit Gruppenrechten zwingend auch die (willkürliche) Hierarchisierung der diversen identitären Elemente einhergeht, die bereits angesprochen wurde. Jede kollektive Formation bringt nämlich eine wie auch immer geartete »Kultur« hervor. Allerdings sind für Kymlicka nur diejenigen Kulturen Anwärter auf Kollektivrechte, die er »gesellschaftliche Kulturen« nennt und die sich dadurch auszeichnen, dass sie »ihren Mitgliedern sinnstiftende Lebensentwürfe in allen Bereichen des menschlichen Handelns bereitstellen«.[28] »Diese Kulturen sind tendenziell territorial konzentriert und basieren auf einer gemeinsamen Sprache«, und »sie beinhalten nicht nur eine gemeinsame Erinnerung und gemeinsame Werte, sondern auch gemeinsame Institutionen und Praktiken.«[29] Anders ausgedrückt, bei der konzeptionellen Ausarbeitung von »Gruppenrechten« zählen im Wesentlichen ethnische, sprachliche, institutionelle und religiöse Elemente, während all die anderen Kulturen, die sich auch mit den »gesellschaftlichen Kulturen« überschneiden können – ich denke etwa an die Kultur, die die Mitglieder einer bestimmten gesellschaftlichen Klasse gemeinsam haben könnten, oder an die Kultur, die der Feminismus hervorgebracht hat –, nicht die richtigen Merkmale aufweisen, um Anerkennung einzufordern. Das löst jene bereits erwähnten gefährlichen Mechanismen aus, in denen an die Stelle von politischer eine identitäre Solidarität tritt.

Die einzige Möglichkeit, diesen Missstand zu vermeiden, besteht darin, den Akzent von der (identitären) Dialektik Mehrheit/Minderheit auf die (politische) Dialektik Unterdrückende/Unterdrückte zu verschieben. Es geht also um die Macht. Ein Umschwenken auf die politische Dialektik Unterdrückende/Unterdrückte – anstelle der identitären Mehrheit/Minderheit – hätte radikale Folgen, weil es keinen Grund gäbe, weshalb die Zugehörigkeit zu ethnischen oder religiösen Minderheitengruppen prinzipiell schutz- und erhaltungswürdiger sein sollte als etwa die Zugehörigkeit zu einer niedrigeren sozialen Schicht oder zu einem benachteiligten Geschlecht.

Anders gesagt, wenn man die politische Betrachtungsweise der Dialektik Unterdrückende/Unterdrückte einnimmt, fordert man, dass die Machthabenden nicht diejenigen unterdrücken, die keine Macht haben. Das gilt ohne Zweifel für die ethnische oder religiöse Mehrheit eines Landes gegenüber den dortigen Minderheiten, aber auch beispielsweise für die Finanzmächte, denen unter dieser Perspektive strenge Auflagen gemacht werden könnten, damit sie der realen Wirtschaft und letzten Endes den einzelnen Staatsbürgern keinen Schaden zufügen können, denn deren Macht ist unendlichmal geringer. Das gilt aber auch für die Macht des Immobilienmarktes, der, allein den Gesetzmäßigkeiten von Angebot und Nachfrage überlassen, weniger Wohlhabenden bald verschlossen bleibt. Diese sehen sich dann gezwungen, aus den Zentren in die Peripherie zu ziehen, ein Phänomen, das man Gentrifizierung nennt.[30] Schließlich trifft es auch auf die »Mächtigen« innerhalb der Gemeinschaften zu, die, bestärkt durch ihren gesellschaftlichen Schutz, die einzelnen Mitglieder ihrer Gemeinschaft unterdrücken.

Nicht den Schutz aller Minderheiten zum Prinzip, zum

regulativen Ideal des eigenen politischen Handelns zu machen, sondern die Emanzipation des einzelnen Individuums ist gleichbedeutend mit einer Politik, die die konkreten kulturellen, sozialen und wirtschaftlichen Voraussetzungen zu schaffen versucht, damit jede und jeder Einzelne sich uneingeschränkt verwirklichen kann. Der leicht marxistisch eingefärbte Vorwurf, individuelle Rechte seien abstrakte bürgerlich-liberale Rechte, geht ins Leere, da es enorme redistributive Konsequenzen hat, wenn man das Autonomieprinzip des Individuums ernst nimmt. Außerdem hat das den Vorteil, dass man die Forderung nach sozialer Gerechtigkeit so in einem starken moralischen Prinzip verankern kann, dem der Gleichheit aller Menschen – das als normatives Prinzip angenommen und als regulatives Ideal angestrebt werden muss, nicht als natürlicher Ausgangspunkt.

Auch Kymlickas multikulturalistischer Ansatz impliziert, wie im Übrigen alle solchen Ansätze, eine essenzialistische und monolithische Betrachtungsweise von Minderheitenkulturen. Wie bereits mehrfach festgestellt sind Kulturen, auch die von Minderheiten, niemals einheitlich, und es ist unmöglich festzustellen, welche »Version« einer bestimmten Kultur nun das Recht auf einen wie auch immer gearteten Schutz haben soll und welche nicht. Normalerweise setzen sich innerhalb einer Gruppe die Forderungen der militantesten Ableger durch; häufig sind das auch die am stärksten fundamentalistischen und am wenigsten liberalen Ableger. Schon allein diese simple Tatsache – dass also das Bild einer ganzen Gruppe auf eine einzige Dimension reduziert wird – entpuppt sich als Einschränkung der Freiheit der individuellen Mitglieder der Gruppe. Das einzelne Individuum, der einzelne Dissident, hat ein Anrecht auf denselben Schutz wie alle anderen Mitglieder der Gruppe. Mehr noch, gerade das Recht eines einzelnen Mitglieds, die eigene Zugehörigkeit zur Gruppe zu hinterfragen, ohne dass ihm daraus schwerwiegende soziale oder wirtschaftliche Folgen erwachsen, muss mehr noch als jedes andere gewährleistet sein, denn der einzelne Dissident ist in dieser Gleichung das schwächere Subjekt.

Nimmt man die Perspektive der Gemeinschaft statt der des Einzelnen ein, kann das zu paradoxen Entwicklungen führen, wie sie etwa im Urteil des Obersten Gerichtshofs von Kanada im Fall »Hofer versus Hofer«[31] sichtbar werden. Es ging darin um zwei Mitglieder der Hutterischen Brüder, einer fundamentalistischen christlichen Sekte, die wegen Apostasie aus der Gemeinschaft verstoßen worden waren und somit alles verloren hatten. Bei den Hutterern gibt es kein Privateigentum, und wenn man der Gemeinschaft den Rücken kehrt, lässt man auch alles hinter sich zurück, was man in seinem Leben aufgebaut hat, sein Zuhause, die Arbeit und so weiter.

Der Oberste Gerichtshof Kanadas gab der Gemeinschaft Recht und bestätigte, dass die Religionsfreiheit das Recht einer religiösen Gemeinschaft schütze, das Leben in ihrem Inneren nach den eigenen Lehren zu organisieren, selbst wenn damit die individuelle Freiheit eingeschränkt werde. Dieses Urteil macht auf eklatante Weise die Widersprüchlichkeit deutlich, die sich hinter dem Begriff von »Gruppenrechten« verbirgt: Bezieht sich die Religionsfreiheit auf die Gemeinschaft oder auf das Individuum? Akzeptieren wir die Vorstellung, dass Gemeinschaften *als solche* Rechte haben, wird es im Weiteren extrem schwierig, zu entscheiden, wo die Grenzen dieser Rechte verlaufen. Legen wir hingegen fest, dass das Recht auf Religionsfreiheit sich auf das einzelne Individuum bezieht und dass es selbstverständlich auch das Recht einschließt, die eigene Religion aufzugeben, zu wechseln oder keine dieser drei Entscheidungen zu treffen, muss dieses Recht ausgeübt werden können, ohne dafür einen unangemessen hohen sozialen, moralischen oder wirtschaftlichen Preis zu zahlen. Ein Recht, das man nur in Anspruch nehmen kann, wenn man praktisch ein Held ist, weil man sein Hab und Gut aufgeben muss, sein Heim, seine Familie, seine Arbeit und von der Gemeinschaft verdammt wird, ist kein Recht.

Laut dem liberalen Multikulturalismus Kymlickas stoßen Kollektivrechte bei der individuellen Autonomie an ihre Grenzen. Das heißt, die Gruppe kann nicht verlangen, die Freiheit ihrer Mitglieder einzuschränken. Dabei handelt es sich um einen Versuch, Kollektivrechte und individuelle Autonomie zu versöhnen, der allerdings zum Scheitern verurteilt ist.

Mit Kymlicka gesprochen: »[D]ie Individuen müssen die Freiheit und die Möglichkeit haben, die traditionellen Praktiken der Gemeinschaft zu hinterfragen und gegebenenfalls zu modifizieren, sobald sie diese Praktiken nicht mehr für würdig befinden, befolgt zu werden.«[32] Diese Freiheit und Möglichkeit erringt man jedoch nur, wenn man von klein auf zu kritischem und laizistischem Denken erzogen wurde und wenn die Konsequenzen, die aufgrund der getroffenen Entscheidungen auf einen zukommen, nicht besonders schwerwiegend sind. Nimmt man es mit der individuellen Freiheit und Autonomie ernst, müsste das konsequenterweise etwa zur Schließung konfessioneller Schulen und zum Ende von jeglichem Religionsunterrichts im öffentlichen Schulwesen führen. Dabei gehören konfessionelle Schulen und Religionsunterricht zu den Forderungen vonseiten der Gruppen, die von Multikulturalisten tendenziell positiv aufgenommen werden. Es genügt nämlich nicht, die Freiheit und Autonomie jedes einzelnen Individuums auf dem Papier zu proklamieren oder in Absichtserklärungen festzuhalten, man muss vielmehr die Voraussetzungen schaffen, damit eine solche Freiheit sich uneingeschränkt und in vollem Bewusstsein entfalten kann. Das wiederum setzt konkrete Entscheidungen der Politik voraus, die häufig frontal mit den Forderungen von Gruppen kollidieren, deren kleinste die Familie darstellt.

Die Freiheit bei der Erziehung der Kinder ist überhaupt nicht uneingeschränkt, wie im nächsten Abschnitt gezeigt wird. Sie wird deutlich begrenzt durch die Beachtung der Würde, der Freiheit und der Autonomie der Kinder. Konkret wird das beispielsweise umgesetzt, indem man ihnen eine laizistische und pluralistische Erziehung ermöglicht, damit ihre potenzielle Zugehörigkeit zu einer Religion später tatsächlich eine eigenständige Entscheidung darstellt und nicht einfach die Nachahmung von Automatismen der Gemeinschaft.

Abgesehen davon, dass unter den großen Verfechtern des Kommunitarismus keiner ist, der nicht irgendwo den Gemeinschaften, die Sonderrechte auf Kosten der Einzelnen einfordern, einen Riegel vorschiebt. Selbst Taylor räumt ein, dass keine Kultur und kein Glaube anderslautende Ansprüche geltend machen kann, wenn es um Grundrechte wie das Recht auf Leben und das auf freie Meinungsäußerung geht.[33] Wer aber legt diese Grenzen fest und nach welchen Kriterien? Weshalb gehört das Recht auf freie Meinungsäußerung dazu, andere Grundrechte jedoch nicht? Und welches Recht auf freie Meinungsäußerung, die radikale Version, die auch das Recht zu beleidigen und auf Gotteslästerung einschließt, oder eine eingeschränktere, den Forderungen der Fundamentalisten eher konforme Variante?

Niemand wird tatsächlich offen zugeben wollen, nicht einmal der konservativste religiöse Fundamentalist, gegen das Recht auf freie Meinungsäußerung zu sein. Üblicherweise wird als Verschleierungstaktik das Ganze auf eine andere Ebene verschoben, auf die der Beleidigung. Dabei handele es sich nicht um freie Meinungsäußerung, sondern um eine Verletzung religiöser Empfindlichkeiten, ist das Standardargument. Vom Fall Salman Rushdie über die dänischen Karikaturen bis zu *Charlie Hebdo* – immer wieder wird es von Islamisten angeführt, um diejenigen zu verurteilen, die angeblich den Islam »beleidigt« hätten. Meine Empfindlichkeit darf jedoch nicht das Maß für die Freiheit eines anderen sein. Wenn ich aufgrund eines willkürlichen und nicht überprüfbaren Urteils darüber entscheide, wann ein anderer mich beleidigt, schränke ich dessen Meinungsfreiheit und Recht auf Kritik ein. Die überwältigende Mehrzahl aller kritischen Äußerungen gegenüber einer Religion, einer Kultur, einer Philosophie und, allgemeiner, einem Lebensstil wird von deren Trägern als Beleidigung aufgefasst. Aber genauso, wie das Recht auf Religionsfreiheit auch das Recht auf Apostasie einschließen muss, kann die freie Meinungsäußerung nicht ohne das Recht auf Kritik bestehen, auch da, wo diese Kritik als Beleidigung wahrgenommen wird.

Ein weiteres Prinzip, das jedweder Forderung nach Gruppenrechten übergeordnet zu sein hat, ist die gesellschaftliche Integration. Eine solidarisch gebildete Gesellschaft, die auf der Achtung von Freiheit und Autonomie des Einzelnen aufbaut, muss ein prioritäres Ziel jedweder freiheitlichen Demokratie sein und ist im Interesse der aktuellen wie auch der kommenden Einwohner eines Landes.

Bei Migrantengruppen sehr verbreitet ist der Anspruch, ihre eigene Sprache beibehalten zu dürfen, sie an ihre Kinder weiterzugeben und in der Schule unterrichten zu können. Da jedoch die Sprache das erste und wichtigste Mittel für die Integration in einem fremden Land darstellt, darf der »fremdmuttersprachliche« Unterricht in der Schule nur akzeptiert und darf dazu nur ermuntert werden, sofern er sich nicht zu einer Hürde für die Integration entwickelt. Bilinguale Klassen beispielsweise sind gern gesehen, solange sie nicht zu Ghettos werden, und um das zu vermeiden, muss deren Zusammensetzung zwischen Fremd- und Muttersprachlerinnen und -sprachlern gründlich abgewogen werden. Manchmal wird »die eigene Sprache behalten« zum Mittel der Selbstausgrenzung: Man konsumiert das Fernsehen des eigenen Herkunftslandes, man liest Zeitungen in der Muttersprache, hat auch sozial nur mit Landsleuten zu tun. In einem solchen Umfeld ist es essenziell, dass die Kinder in der Schule die Sprache des Landes lernen, in dem sie leben.

Wie ich bereits erwähnte, lebe ich mit meiner Familie in Frankfurt am Main, wo wir das große Glück hatten, für unsere Kinder eine öffentliche Schule auswählen zu können, in der ein zweisprachlicher Zweig Deutsch-Italienisch angeboten wird. In den Klassen sind die Italiener in der Minderheit, also ist Deutsch die Hauptsprache, und das garantiert eine gelungene Integration unserer Kinder in das soziale Umfeld des Landes, in dem zu leben wir uns entschieden haben. Das Italienische können wir so quasi als Mehrwert pflegen. Sollte sich in der Zusammensetzung der Klassen das Verhältnis umkehren, würden wir keine Sekunde zögern, unsere Kinder in einsprachig deutsche Klassen versetzen zu lassen. Niemals würden wir die gelungene Integration unserer Kinder der Erhaltung unserer Kultur als Opfer darbringen.

Ohne jeden Zweifel läuft man Gefahr, dass durch die Unterordnung der Forderungen von Gruppen unter den Schutz der Autonomie des Einzelnen und unter die Bedürfnisse der Integration bestimmte Elemente mancher Kulturen verloren gehen. Dieses Risiko muss wissentlich und verantwortungsvoll in Kauf genommen werden.

Finger weg von den Kindern

Noch radikaler gesagt: Es gibt Gruppen und Gemeinschaften, deren ganze Existenz auf der Selbstausgrenzung dem Rest der Welt gegenüber beruht. Zumal da diese Ausgrenzung, anders als etwa im mönchischen Leben, nicht aufgrund einer autonomen Entscheidung im Erwachsenenalter zustande kommt, sondern von Generation zu Generation weitergegeben wird, folglich den Kindern aufgezwungen wird. Es handelt sich hierbei nicht um theoretische Überlegungen, sondern um Geschehnisse, aus denen konkrete juristische Fälle entstanden sind. Ein nach wie vor hochaktuelles und auf jeden Fall emblematischen Beispiel dafür ist Wisconsin versus Yoder von 1972, in dem der Oberste Gerichtshof der Vereinigten Staaten Angehörigen der Amish[34] gestattete, die eigentlich noch schulpflichtigen Kinder vor Erreichen der Altersgrenze (die in Wisconsin damals bei 16 Jahren lag, heute bei 18) aus der Schule zu nehmen, und als Grundlage für die Entscheidung den ersten Zusatzartikel der US-amerikanischen Verfassung anführte, in dem die Religionsfreiheit festgeschrieben steht.

Die Begründung des Gerichtshofs ist zwar einerseits surreal, andererseits jedoch durchaus vielsagend. Sie bestätigt, dass das begründete Interesse des Staates an der Erziehung seiner Bürger sich an weiteren geltenden Grundrechten orientieren muss, in diesem Fall am Recht auf Religionsfreiheit, das im ersten Zusatzartikel zugesichert wird. Während es für die Amish vertretbar war, dass die Kinder in der Grundschule die nötigen Grundkenntnisse erwarben, »um die Bibel lesen zu können, gute Bauern und Bürger zu sein und sich mit Nichtangehörigen der Amish zu verständigen, wo das im Alltag nötig sein sollte«, hätte ein Besuch der weiterführenden Schule nicht bloß einen Widerspruch zu den eigenen religiösen Prinzipien dargestellt, sondern auch »das eigene Seelenheil und das der Kinder gefährdet«. Davon waren die Eltern der betroffenen Kinder, aufgrund ihrer Religion, felsenfest überzeugt. Die Zitate entstammen dem Urteil des Gerichts,[35] das aufgrund dieser Aussagen und diverser Äußerungen von Zeugen entschieden hat, die religiösen Überzeugungen der Amish für »aufrichtig« zu befinden.

Das ist der wesentliche Punkt. Die zugunsten der Amish vorgebrachten Argumente seien schutzwürdig, »weil sie auf religiösen Überzeugungen fußten«. Hätten nämlich, so das Urteil weiter, »die Amish ihre Position auf der Grundlage einer subjektiven Einschätzung und Ablehnung der zeitgenössischen säkularen und von der Mehrheit akzeptierten Werte vorgebracht, in der Art wie Thoreau[36] die gesellschaftlichen Werte seiner Zeit ablehnte und sich am Walden Pond in die Einsamkeit zurückzog, hätten ihre Forderungen keine religiöse Basis gehabt«. In dem Fall hätten sie sich nicht auf den Schutz durch den Ersten Zusatzartikel berufen können, genauso wenig wie das der arme Thoreau gekonnt hätte.

Schließlich gibt es noch ein entscheidendes Element. Obwohl die abweichende Meinung eines der Richter vorlag, der hervorhob, dass nicht nur die Religionsfreiheit der Eltern hier auf dem Spiel stand, sondern auch die Rechte der Kinder, urteilte das Gericht: »Die Kinder sind nicht Parteien dieses Rechtsstreits«, als wäre es vollkommen selbstverständlich, dass Kinder Besitztümer ihrer Eltern sind, schlimmer noch, Werkzeuge der Eltern, um ihren Glauben praktizieren zu können und die Erlösung anzustreben. »Es ist eine Sache, zu sagen, dass der verpflichtende Schulbesuch von ein bis zwei Jahren über die achte Klasse hinaus notwendig sei, wenn es dabei darum geht, das Kind auf das Leben in der modernen Gesellschaft vorzubereiten, wie es von der Mehrheit gelebt wird«, schreiben die Richter, »eine ganz andere ist es, wenn man es als Ziel der Erziehung ansieht, das Kind vorzubereiten auf das Leben in der abgeschiedenen agrarischen Gemeinschaft, die das tragende Element im Glauben der Amish darstellt.« So ist die Ausgrenzung perfekt, ohne dass offenbar die Rechte der Kinder bemüht werden müssten.

Wollte man den Amish vorschreiben, dass ihre Kinder die öffentliche Schule bis zum Ende der Schulpflicht besuchen müssen, brächte das fast automatisch die Auflösung der Gemeinschaft mit sich, deren Überleben sich gerade auf der Abschottung von der Außenwelt gründet. Doch das Recht der Kinder, autonome Entscheidungen zu treffen – ein Recht, das sie nur ausüben können, wenn sie zum kritischen Denken erzogen werden –, muss mehr gelten als das Überleben einer Gemeinschaft, und sei es nur aus Achtung für diejenigen, die sich nicht haben aussuchen dürfen, in welchen kulturellen Kontext sie hineingeboren werden. Es ist reiner Zufall, ob man das Licht der Welt in dieser oder in jener Familie erblickt. Im selben Maße, wie der Staat, von einem progressiven Standpunkt aus betrachtet, danach streben muss, alle wirtschaftlichen und gesellschaftlichen Hürden aus dem Weg zu räumen, die Kinder aus sozial schwächeren Schichten benachteiligen, müssen Maßnahmen ergriffen werden, um die Einflüsse der kulturellen und religiösen Herkunft weitestgehend zu minimieren, damit man als Person mit der größtmöglichen Freiheit heranwächst, über den Verlauf des eigenen Lebens zu entscheiden.

Auch hier ist klar, dass kein einziges Kind auf der ganzen Welt in einem kulturellen Vakuum auf die Welt kommt. Das bedeutet jedoch nicht, dass man nicht trotzdem eine zunehmende Selbstbestimmung der Kinder anstreben sollte.

Die Geschichte der Eltern-Kind-Beziehungen und von Erziehungsbeziehungen allgemein ist die Geschichte einer fortschreitenden Emanzipation von Besitzvorstellungen Erwachsener den Kindern gegenüber. Der Akt der Zeugung verleiht eben keine absolute Macht über die Gezeugten.

Es ist eine recht neue Errungenschaft, dass Kinder als autonome Rechtssubjekte anerkannt werden. Sie hat enorme Folgen für die Macht der Eltern über ihren Nachwuchs. Heutzutage gelten zahlreiche Verhaltensweisen als inakzeptabel, die noch vor ein bis zwei Generationen im Eltern-Kind-Verhältnis zur Norm gehörten. In bestimmten kulturellen Kontexten, wie dem Süden Italiens, sind noch immer Verhaltensweisen akzeptiert – etwa laut zu werden oder die Kinder durchzuschütteln –, die andernorts nicht mehr toleriert werden. Obwohl diese Entwicklung noch nicht abgeschlossen ist und angesichts der strukturellen Asymmetrie des Eltern-Kind-Verhältnisses wahrscheinlich nie endgültig abgeschlossen werden kann, lässt sich dennoch ein Kurs erkennen, der eine zunehmend weitreichende Anerkennung der Rechte von Kindern anstrebt und auf dem wir keinen Rückschritt hinnehmen dürfen.

Autonomie und Unabhängigkeit der Kinder von ihren Eltern als maßgebliches Ziel zu setzen bedeutet keinesfalls, auf die Erziehung der Kinder zu verzichten – wie eine verkürzte Auslegung vielleicht unterstellen könnte. Im Gegenteil, der Erziehungsauftrag wird dadurch für die Erwachsenen anspruchsvoller, aber auch bereichernder, da es darum gehen muss, den Kindern die Hilfsmittel für ihre Verselbständigung mitzugeben. Das ist eine alles andere als einfache Aufgabe, die sich gewiss nicht damit erfüllen lässt, die Kinder in einem Wertevakuum aufwachsen zu lassen, als böten nicht Laizismus und kritisches Denken an sich schon einen stabilen moralischen Bezugsrahmen.

Alle Menschen sind vor dem Gesetz gleich

Kant hat mehrere Bedingungen für eine republikanische Regierung herausgearbeitet. Eine davon ist die Abhängigkeit aller von einer einzigen gemeinsamen Gesetzgebung.[37] Das Prinzip der Universalität der Rechtsprechung gehört zu den unabdingbaren Prinzipien eines Rechtsstaats. Demgegenüber bringt der Multikulturalismus nach seiner Logik einen sogenannten juristischen Pluralismus mit sich, also die Etablierung paralleler Rechtssysteme für jede ethnischreligiöse Gemeinschaft. Dafür bedarf es keiner großartigen und aufsehenerregenden Reformen, es genügt schon, den Forderungen bestimmter, meist minderheitlicher, dafür aber umso militanterer Gruppen nachzugeben, und die Sache ist eingefädelt.

Jeder noch so kleine und dem Anschein nach unbedeutende Riss im Prinzip des Rechtsmonismus, der besagt, dass alle Subjekte einer politischen Gemeinschaft ein und derselben Rechtsordnung unterstehen müssen, ist ein Einfallstor für Menschenrechtsverletzungen,[38] unabhängig davon, wie nobel die Vorsätze derjenigen waren, die die Vorschläge eingebracht haben. »Alle Menschen sind vor dem Gesetz gleich« heißt nicht nur, dass niemand vor dem Gesetz privilegiert ist, sondern auch und vor allem, dass es nur ein einziges Gesetz gibt, dem alle Bürgerinnen und Bürger unterworfen sind. Mit den Worten von Peña-Ruiz: »Das Recht auf Diversität droht, in die Diversität des Rechts auszuufern.«[39]

Unter diesem Gesichtspunkt ist das Urteil 24084/2017 der ersten Sektion an der italienischen Corte Suprema di Cassazione[40] besonders interessant, in welchem die Berufung eines Mannes gegen das Gericht von Mantua abgelehnt wurde. Dieses hatte ihn zu einer Geldstrafe verurteilt, weil er ein Messer »mit einer Länge von 18,5 Zentimetern ohne nachvollziehbaren Grund« bei sich trug. Der Mann trug das

Messer aus religiösen Gründen, da er den Sikh angehörte, und hatte seine Berufung auf Artikel 19 der italienischen Verfassung gestützt, in dem die Religionsfreiheit festgeschrieben steht: »Jedermann hat das Recht, in jedweder Form, einzeln oder gemeinschaftlich, seinen religiösen Glauben frei zu bekennen, dafür zu werben und privat oder öffentlich den Kult auszuüben, vorausgesetzt, dass es sich nicht um religiöse Übungen handelt, die gegen die guten Sitten verstoßen.«[41]

Der Kassationsgerichtshof lehnte die Berufung mit der Begründung ab, dass »die durch den angeführten Artikel 19 garantierte Religionsfreiheit an ihre von der Rechtsprechung im Hinblick auf den Schutz anderer Erfordernisse festgelegten Grenzen stößt, darunter das friedliche Zusammenleben und die Sicherheit, zusammengefasst in der Formel der öffentlichen Ordnung«. Es kommt zu dem Schluss, dass »das Prinzip zu bestätigen ist, wonach keinerlei religiöse Überzeugung das Tragen von Waffen [...] im öffentlichen Raum legitimieren kann«. Es beruft sich auf Artikel 9 der europäischen Menschenrechtskonvention, der unter Absatz 2 festlegt: »Die Freiheit, seine Religion oder Weltanschauung zu bekennen, darf nur Einschränkungen unterworfen werden, die gesetzlich vorgesehen und in einer demokratischen Gesellschaft notwendig sind für die öffentliche Sicherheit, zum Schutz der öffentlichen Ordnung, Gesundheit oder Moral oder zum Schutz der Rechte und Freiheiten anderer.«[42]

Die Religionsfreiheit darf, anders gesagt, keine Rechtfertigung darstellen, um gegen die Grundnormen des demokratischen Zusammenlebens zu verstoßen. Dieses Urteil ist besonders interessant, weil es sich auf eine vollkommen harmlose Tradition und eine religiöse Gemeinschaft bezieht, die in Italien nur wenige Mitglieder zählt und zudem für ihren hohen Integrationsgrad bekannt ist. In einem Rechts-staat ist jedoch niemand *legibus solutus*, ein von allen Geset-zen Losgelöster, was auch für Vereine, Gemeinschaften, Kirchen, Parteien, Gruppen und Familien gilt. Das grund-legende Merkmal des Gesetzes ist gerade seine Allgemein-gültigkeit. Es geht also darum, dass innerhalb der Gemein-schaften, von einzelnen Familien bis hin zu den Kirchen, keine besonderen Gesetze und vor allem keine Normen gelten können, die von den Prinzipien der Verfassung ab-weichen.

Leider gibt es jedoch Überbleibsel solcher Privilegien in unseren Gesellschaften, wie im Abschnitt »Privilegien der Religionen« gezeigt. Progressiv betrachtet und im Hinblick auf die Verfechtung der Menschenrechte muss daran ge-arbeitet werden, auch diese Überreste verschwinden zu lassen, statt sie auszudehnen.

Interessanterweise wird die These des juristischen Pluralismus ausschließlich im Zusammenhang mit For-derungen bestimmter ethnisch-religiöser Gruppen ange-wandt, während wir es als zutiefst rassistisch empfinden würden – und das zu Recht –, sollte sie einmal auf »uns« bezogen werden. 2007 sorgte ein Urteil des Landgerichts Bückeburg für Aufruhr, in dem einem 29-jährigen Mann sardischer Herkunft unter anderem seine »besonderen kulturellen und ethnischen Prägungen«[43] strafmildernd an-gerechnet wurden, der seine damalige Verlobte drei Wochen eingesperrt, gefoltert und vergewaltigt hatte. Die in seiner Kultur vorherrschenden Rollenverständnisse von Mann und Frau seien zwar keine Entschuldigung, müssten jedoch strafmildernd berücksichtigt werden. Dass eine sardische Herkunft so ausgelegt werden konnte, ist aus italienischer Perspektive mehr als erschreckend. Dahinter steckt die Lo-gik des Rechtspluralismus, der nämlich dazu führt, dass eben nicht alle gleich sind vor dem Gesetz, sondern angeblich die »kulturellen und ethnischen Prägungen« der Personen Berücksichtigung finden müssten.

Ein einziges und für alle gültiges Rechtssystem ist der einzige Garant für die Gleichheit der Bürgerinnen und Bürger und gegen Menschenrechtsverstöße. In der Rechtsgeschichte stellt die Entwicklung eines solchen Systems einen gewaltigen Fortschritt dar. Selbstverständlich ist das ein Werturteil, bei dem man anderer Meinung sein kann. Wer die Menschenrechte nicht für eine wichtige Errungenschaft hält, kann die Meinung vertreten, dass der Rechtsstaat keinen Fortschritt darstelle. Es handelt sich um eine originär urethische Option, und obwohl sie rational begründet werden kann, ist sie unterm Strich subjektiv und willkürlich. Ist das oberste und vorherrschende Prinzip die Autonomie des Individuums, zieht das eine Reihe von Konsequenzen nach sich, die deutlich weitreichender sind als die bloße formale Bestätigung der individuellen Freiheit. Ist dieses Prinzip jedoch nicht souverän, sondern beispielsweise dem »Respekt vor Kulturen« untergeordnet, lässt sich auch eine Familie rechtfertigen, die im Namen ihrer jeweiligen kulturellen und/oder religiösen Überzeugungen ihren Sohn dafür bestraft, schwul zu sein. Das sei Teil unserer/ihrer Kultur, kann als Rechtfertigung für die entsetzlichsten Gräueltaten herangezogen werden. Der Knackpunkt ist nämlich folgender: Entweder ist das, was »meine« Kultur mir mitgibt, mit dem Grundsatz individueller Autonomie kompatibel, dann muss ich mich nicht auf meine Kultur berufen, um mein Handeln zu rechtfertigen, oder es ist inkompatibel. Genau in solchen Fällen wird dann die »Freiheit der Kulturen« ins Spiel gebracht, die sich in letzter Konsequenz immer als »Freiheit« entpuppt, jemand anderen *im Namen* der Kultur zu unterdrücken.

Erkennt man kollektive Rechte an, übernimmt man damit zugleich den sozialen Frieden als Grundprinzip anstelle der Menschenrechte, die man ihrerseits, zumindest teilweise, zugunsten des sozialen Friedens zu opfern bereit ist. Diese Haltung ist natürlich legitim, man muss aber auch den Mut haben, offen und konsequent dazu zu stehen und denjenigen in die Augen zu blicken, denen man Opfer im Namen des sozialen Friedens abverlangt, angefangen bei den Frauen.

Dass man mit der Anerkennung von Sonderrechten für Gruppen mögliche Menschenrechtsverletzungen innerhalb der Gemeinschaften in Kauf nimmt, gibt Kymlicka zu: »Gegenüber einer illiberalen nationalen Minderheit wird die Mehrheit kaum verhindern können, dass es innerhalb der minderheitlichen Gemeinschaft zu Verletzungen der individuellen Rechte kommt. Die liberalen Mitglieder der Mehrheit *müssen lernen, mit dieser Tatsache zu leben*, so wie sie auch mit illiberalen Gesetzen in anderen Ländern leben können.«[44]

Die potenzielle Verletzung individueller Rechte innerhalb bestimmter Gruppen sei also unvermeidlich, und man müsse sich damit abfinden, genauso wie wir uns damit abfinden müssten, dass in manchen Ländern illiberale Gesetze herrschen. Dieser Vergleich greift jedoch nicht, und zwar aus zwei Gründen. Erstens ist es alles andere als irrelevant, ob die Rede ist von Beziehungen zwischen Gruppen *innerhalb* einer politischen Gemeinschaft, die ja als solche nur gelten kann, wenn es gewisse gemeinsame Grundprinzipien gibt, oder von Beziehungen zwischen Staaten. Und zweitens muss man sich keinesfalls mit den illiberalen Gesetzen anderer Länder abfinden – was, das sei hier eindeutig und zur Vermeidung jeglichen Missverständnisses gesagt, rein gar nichts mit einem von der Rhetorik so gerne bemühten Export von Demokratie mit Waffengewalt zu tun hat. 2017 hat sich die Schachweltmeisterin Anna Musytschuk dagegen entschieden, ihre Titel zu verteidigen, um sich nicht den illiberalen Gesetzen am Austragungsort Saudi-Arabien unterwerfen zu müssen, angefangen bei der Verschleierung. Zwischen aufgezwungenem Liberalismus – einem Widerspruch in sich – und der passiven Hinnahme des Status quo bleibt reichlich Handlungsspielraum, sowohl in politischer als auch in kultureller Hinsicht, sowohl innerhalb einer politischen Gemeinschaft als auch im Verhältnis zwischen Staaten.

Auch wenn Kymlicka einige Anstrengungen unternimmt, die sogenannten »gruppenspezifischen Rechte« herauszulösen aus der Dialektik zwischen Kommunitaristen – die von der Gemeinschaft ausgehen, der sie als solche Rechte zuerkennen, auch wenn das die Beschneidung der Freiheit einzelner Mitglieder mit sich bringt – und Individualisten – die vom Individuum ausgehen und die Gemeinschaft nur als Werkzeug für die Selbstverwirklichung ihrer Angehörigen betrachten –, bleibt doch der Schluss, zu dem er kommt, im Wesentlichen ein Rechtspluralismus mit großer Ähnlichkeit mit dem der Kommunitaristen an sich: »Zahlreiche dieser [gruppenspezifischen] Rechte haben nichts mit den Prioritäten der Gemeinschaften oder der Individuen zu tun, sondern gründen auf der Vorstellung, dass um der Gerechtigkeit zwischen den Gruppen willen Angehörigen unterschiedlicher Gruppen auch unterschiedliche Rechte zuerkannt werden.«[45]

Was folgt daraus? Kymlicka ist sehr direkt: »Selbst wenn wir die Option ablehnen, dass Gruppen von Einwanderern ihre gesellschaftliche Kultur reproduzieren [d. h. das gesamte System der Herkunftskultur, inklusive institutioneller Aspekte, Anm. der Autorin], kann es notwendig werden, einige Änderungen an den Institutionen der dominanten

Kultur vorzunehmen, um die Integration zu ermöglichen. Das kann die Form spezifischer polyethnischer Gruppenrechte annehmen, wie das Recht für Juden und Muslime, vom Ladenöffnungsverbot am Sonntag ausgenommen zu werden, oder das Recht der Sikh, von der Helmpflicht auf dem Motorrad befreit zu werden.«[46]

Niemand kann übersehen, zu welchem unüberschaubaren Chaos ein solcher Ansatz führen würde. Wer soll denn festlegen, welche Forderungen Sonderrechte verdienen und welche nicht? Weshalb haben die Gründe eines Sikh, keinen Helm tragen zu wollen, mehr recht als die eines Heranwachsenden, der sich nicht die Frisur versauen will? Bloß weil er angeblich »religiöse Gründe« hat? Wie das bereits erwähnte Beispiel der Pastafari-Kirche deutlich macht, ist das ein äußerst riskantes Argument. Alle Jugendlichen, die keinen Helm tragen wollen, müssten sich nur zum Glauben der Sikh bekennen und fertig. Die Helmpflicht beruht unter anderem auf dem Schutz der körperlichen Unversehrtheit der Person und soll unnötige Ausgaben für das Gesundheitssystem abwenden. Sie kann nur bei Vorliegen gesundheitlicher Gründe eingeschränkt werden, nicht aufgrund persönlicher Einstellungen, seien sie nun religiös begründet oder nicht.

Die Gesetzgebung zu den Ladenöffnungszeiten hat für die Organisation einer Gesellschaft einen klaren Wert. Zwar haben die wöchentlichen Ruhetage zweifellos in aller Regel mit den religiösen Traditionen der jeweiligen Länder zu tun, doch ist das noch kein ausreichender Grund, um einzelnen religiösen Gemeinschaften Ausnahmen einzuräumen. Nicht zuletzt, weil, wie bereits erwähnt, es nicht einzusehen ist, weshalb die Begründungen von Juden oder Muslimen mehr Geltung haben sollten als die einer Person, die aus persönlicher Überzeugung oder aufgrund ihrer ganz privaten

Glaubensgrundsätze (die nicht weniger Respekt verdienen als andere, bloß weil sie womöglich die einzige Anhängerin ist) verlangt, dass ihr Ruhetag auf den Mittwoch gelegt wird. Erreicht eine Gesellschaft ein solches Maß an Komplexität, dass es keine allgemeingültige Abmachung über den wöchentlichen Ruhetag mehr gibt, besteht die vernünftigste Entscheidung sicher nicht darin, jeder oder jedem zu gestatten, das zu handhaben, wie sie oder er möchte. Vielmehr muss kollektiv und anhand laizistischer Grundsätze, also mit transparenten und demokratischen Methoden ein anderer Wochentag als Ruhetag festgelegt werden, der nicht religiös konnotiert ist. Das ließe sich auch auf Feiertage im Allgemeinen übertragen. Unvorstellbar wäre eine hochgradig komplexe Gesellschaft, in der alle die Arbeit an den Tagen niederlegen, die ihr jeweiliger Glaube ihnen vorschreibt.

Öffnet man einmal »Gruppenrechten« Tür und Tor, ist es so gut wie unmöglich, sie (wieder) auszusperren.

Die Light-Variante des Rechtspluralismus. Akkomodationismus und Pontiuspilatismus

Einer der Kniffe, um den Rechtspluralismus, den man gerade noch zur Haustür hinausgescheucht hat, durchs Fenster wieder hereinzubitten, besteht darin, sich nicht auf »Gruppenrechte« zu berufen, was, wie gezeigt, zu unüberwindbaren Aporien führt, sondern auf den Schutz des »individuellen Gewissens«. Diesen Versuch unternimmt beispielsweise Nussbaum. Sobald das Gesetz eines Staates, auch ohne Unterdrückungsabsicht, die Gewissensfreiheit einer Person »belastet«, ist es ihrer Meinung nach angebracht, eine Ausnahmeregel ins Spiel zu bringen, die man »Anpassung« oder »Akkomodation« nennt.[47] Um zu verdeutlichen, in welchen Angelegenheiten man auf eine Anpassung zurückgreifen solle, führt sie beispielhaft Gesetze an, in denen

»etwa von Menschen verlangt wird, an ihrem Feiertag vor Gericht zu bezeugen oder einen Militärdienst auszuüben, den ihre Religion verbietet, oder vom Gebrauch von Drogen abzusehen, die für ihre heiligen Zeremonien nötig sind«.[48] In all diesen Fällen müsste der Staat eine Möglichkeit finden, jedem einzelnen betroffenen Gewissen entgegenzukommen, sich ihm »anzupassen«, was de facto zu Abweichungen von der geltenden Rechtsprechung führen würde.

Es ist nur allzu selbstverständlich, dass für eine solche Ausnahme einzig und allein die Gewissensfreiheit, die im Zusammenhang mit dem Glauben steht, zählt; alle anderen Argumente zählen nicht. Schon diese Tatsache stellt eine schwerwiegende Verletzung des Gleichheitsprinzips dar, weil etwa Atheisten und Agnostiker sich unmöglich auf eine solche »Sonderfreistellung« berufen könnten – als hätten sie kein Gewissen. Um nicht paradoxale Beispiele wie die Pastafarianer zu bemühen – auch wenn diese Paradoxe die Trugschlüsse solcher Argumentationen sehr schön hervorkehren –, sei hier an die Kriegsdienstverweigerung aus Gewissensgründen erinnert, die in vielen Fällen ethisch und politisch motiviert war. Nach Nussbaums Vorschlag hätten solche Gründe jedoch keinerlei Gültigkeit, sofern sie nicht religiös verbrämt würden. Nussbaum selbst weist auf die Grenzen ihres Ansatzes hin. Nicht nur führe er zu Anarchie, sondern auch zu einem ernsthaften Gleichheitsproblem, da die Anpassung »Religion meist begünstigt, andere Gründe aber benachteiligt, die die Menschen um Ausnahmen vom Gesetz nachsuchen ließen. [...] Ist es ihnen gegenüber nicht ungerecht und zugleich eine Belastung für nicht-religiöse ethische Lebensansichten, ihr Ersuchen um Anpassung des Gesetzes ungleichwertig zu behandeln?«[49] Das ist es. Jedoch ist das für Nussbaum offenbar noch kein ausreichender Grund, um die Anpassung aufzugeben.

Ihre Haltung unterscheidet sich von einer rundheraus kommunitaristischen Position, weil sie nicht direkt »Gruppenrechte« zuerkennen will. Die von ihr zitierte »Freiheit des Gewissens schützt das des Einzelnen, nicht das der Mehrheit«.[50] In der radikalsten Auslegung des Akkomodationismus müsste jedes einzelne individuelle Gewissen »angepasst« werden, was unmöglich ist, will man nicht den gesellschaftlichen Zusammenhalt opfern und zumindest die Möglichkeit eines wie auch immer organisierten Zusammenlebens erhalten. Folglich nähert sich die Anpassung unterm Strich einfach der kommunitaristischen Haltung an, indem sie (bestimmten) Gruppen im Namen des »individuellen Gewissens« Rechte zuerkennt.

Nussbaums Position reiht sich in zahlreiche andere Argumentationen ein, die ich als »pontiuspilatisch« bezeichnen würde. Letzten Endes plädieren sie dafür, sich rauszuhalten und bloß nicht in die internen Angelegenheiten irgendwelcher Gemeinschaften einzumischen.

Dies deckt sich mit dem Ansatz religiöser Fundamentalisten. »Heutzutage richten die Neofundamentalisten keine positiven Forderungen an den Staat, außer der, sich herauszuhalten: Lasst uns Kopftuch tragen, halal essen, nicht die Hände schütteln etc.«[51] Die Liste ließe sich fortsetzen: Lasst uns Bluttransfusionen verhindern, unsere Kinder so erziehen, wie wir wollen, Schwule »heilen«, Frauen die Abtreibung verweigern und so weiter. Die Versuche, punktuell einen Riegel vorzuschieben, fruchten wenig, wie etwa der Schutz der körperlichen Unversehrtheit oder das Verbot, zu Hass gegenüber anderen Gruppen aufzurufen. Hat sich erst einmal die Vorstellung etabliert, dass niemand, weder der Staat mit seinen Gesetzen noch Bürger im Rahmen des öffentlichen Diskurses, sich in die internen Angelegenheiten einer Gemeinschaft einbringen darf, und sei es in die Familie als kleinste Form von Gemeinschaft, ist eine derartige Schieflage erreicht, dass die folgenden fehlgeleiteten Konsequenzen uns um Jahrhunderte zurückwerfen könnten.

Es überrascht, dass Roy sich nicht der möglichen Konsequenzen seines »toleranten« Ansatzes bewusst zu sein scheint. Im Zusammenhang mit den Bewegungen, die er als »neofundamentalistisch« bezeichnet, hebt er hervor, dass diese es nicht auf eine politische Machtübernahme abgesehen hätten, sondern nur das Recht einfordern, eigenen Regeln im »religiösen Bereich« zu folgen. »Die Regeln«, schreibt Roy, »gelten ausschließlich für den Gläubigen.«[52] Da es jedoch den »Gläubigen« an sich gar nicht gibt, sondern viele Gläubige mit jeweils individuell nuancierten Ausprägungen des Glaubens, bleibt die Frage, wer entscheidet, ob man zur Gemeinschaft gehört oder nicht, für wen die Regeln gelten und für wen nicht. Offensichtlich geht ein solcher Ansatz Hand in Hand mit der Authentizitätsrhetorik und mit dem fundamentalistischen Narrativ, das die Merkmale des »guten« Gläubigen definiert. Fest steht jedoch, dass ein demokratischer Rechtsstaat Dynamiken dieser Art nicht unterstützen darf. Er sollte allein das Individuum als Gegenüber akzeptieren, ungeachtet seiner Zugehörigkeiten.

Parallelsysteme sind für Roy unter der Bedingung akzeptabel, dass es sich dabei um »eine soziale Bindung handelt, die von willigen Erwachsenen errichtet worden ist«.[53] Es ist allerdings unvorstellbar, dass jemand, dessen gesamte Sozialisation innerhalb einer bestimmten Gemeinschaft erfolgt ist, eine andere Wahl treffen könnte. Wie bereits ausgeführt, liegt die Vorbedingung für eine freie Entscheidung in einer laizistischen Erziehung, die soweit irgend möglich von gesellschaftlichem, kulturellem und familiärem Druck befreit ist, ob dieser nun in Form von Zwang ausgeübt wird oder so stark verinnerlicht ist, dass jede abweichende Entscheidung einer heroischen Tat, die einen sehr hohen psychologischen, emotionalen und gesellschaftlichen Preis fordert, gleichkäme.

Ein Beispiel von Rechtspluralismus: die Scharia-Tribunale

Ist das Gesetz nicht für alle gleich, müssen in erster Linie die schwächsten Mitglieder einer Gemeinschaft die Konsequenzen tragen. Sehr häufig sind das die Frauen.

Den »Bedürfnissen der Gemeinschaft« ist nämlich insbesondere der Bereich der Familienbeziehungen ausgesetzt. Tariq Modood, der einen deutlich radikaleren Kommunitarismus vertritt als Kymlicka, fragt sich beispielweise: »Wer soll entscheiden, was Ehe ist und was Scheidung? Die meisten westlichen Länder verbieten, mehr als eine Ehefrau gleichzeitig zu haben, ohne jedoch die Anzahl von Freundinnen und Lebensgefährtinnen zu beschränken; manche Muslime glauben, man könne bis zu vier weibliche Partner gleichzeitig haben, allerdings nur innerhalb der Ehe. Sollten die Gerichte nur eine dieser Ansichten akzeptieren?«[54] Schon ist der Weg gebahnt für Religionsgerichte – und dabei handelt es sich nicht um eine bloße Hypothese.

In Griechenland ist die Scharia für die muslimische Gemeinschaft in Thrakien gültiges Gesetz. Vor kurzem wurde ihre Anwendung mit – allerdings sehr milden – Auflagen versehen.[55]

Nachstehend ist der Bericht einer Mutter, deren Tochter, eine muslimische, in London lebende Frau, sich zivilrechtlich von ihrem Mann hatte scheiden lassen und der dennoch, wie vielen anderen auch, vor einem der Scharia-Gerichte, die inzwischen in Großbritannien immer stärker verbreitet sind, übel mitgespielt wurde: »Mein Exschwiegersohn tauchte in unserer örtlichen Moschee auf und verkündete den Betenden, dass ich eine ›unmoralische Frau‹ sei und meine Töchter zwinge, sich zu prostituieren. Er bat die Ältesten, ihm zu helfen, sich seine Frau und die gemeinsamen Kinder zurückzuholen, um ihre Seelen zu retten. Die Moschee (in East London) entsandte eine Delegation zu mir nach Hause, um mir die Anschuldigungen zu übermitteln und mich zu überzeugen, meine Tochter ihrem Mann zurückzugeben. Ich war entsetzt. Fünf Männer tauchten an meiner Haustür auf, von denen ich nur einen kannte, den Mann einer Freundin und ehemaligen Nachbarin. Sie kamen herein und erzählten mir, was mein Schwiegersohn über mich gesagt hatte. Sie sagten mir, ich müsse meine Tochter zwingen, zu ihm zurückzukehren. Ich erwiderte, dass Lubna sich hatte scheiden lassen, doch sie antworteten, die englische Scheidung sei nichts wert und gelte nicht vor dem islamischen Gesetz.«[56]

Eine von der britischen Regierung 2018 in Auftrag gegebene Untersuchung schätzt, dass in Großbritannien zwischen 30 und 85 Scharia-Gerichte aktiv sind, mit steigender Tendenz.[57] Obwohl der Bericht klarstellt, dass diese Tribunale, die sich selbst als »Scharia-Räte« bezeichnen, keine legale Anerkennung genössen und vor dem englischen Gesetz nicht verbindlich seien, »übernehmen sie eine Entscheidungsfunktion bei der islamischen Scheidung«.[58]

Der Fall der Religionsgerichte ist besonders kritisch, weil sie sich mit einem äußerst empfindlichen Bereich befassen, dem Familienrecht, das seit jeher und überall auf der Welt den Schauplatz für die Verweigerung oder den Fortschritt der Frauenrechte darstellt. Das bestätigt der zitierte Bericht, dem zufolge sich fast ausschließlich Frauen vor den Scharia-Gerichten einfinden, die eine islamische Scheidung wollen. Die Frauen wenden sich aus folgenden Gründe an

ein Scharia-Tribunal: »dass ihre Hochzeit nicht standesamt-
lich erfasst worden ist und sie folglich keinen Anspruch auf
eine zivile Scheidung haben; dass ihre religiösen Überzeugungen ihnen auferlegen, eine religiöse Scheidung zu vollziehen, bevor sie ihr Leben fortsetzen können; dass ihre
Herkunftsfamilie, die des Ehemanns oder die Gemeinschaft
auf einer religiösen Scheidung bestehen, um das Ende der
Beziehung zu akzeptieren; die Sorge, dass vor dem (islamischen) Gesetz in anderen Ländern die zivile Scheidung
nicht gilt, sondern nur die religiöse; die unerschwinglichen
Kosten der zivilen Scheidung [...]; dass in manchen Fällen
die islamische Scheidung schneller vollzogen werden kann;
die irrtümliche Annahme, die islamische Scheidung sei ausreichend«.[59] Dieses Problem betrifft ausschließlich Frauen,
weil Männern nach der Scharia das Recht auf Verstoßung
(Talaq) zusteht. Dieses Recht kann unterschiedliche Formen annehmen, ist jedoch in jedem Fall nicht an den
Urteilsspruch eines »Imamrats« gebunden, an den sich jedoch eine Frau wenden muss, die sich islamisch scheiden
lassen will.

Der Bericht wurde heftig kritisiert,[60] weil darin zwar festgestellt wird, dass sich in den Scharia-Gerichten diskrimi-
nierende Praktiken vollziehen, jedoch nicht empfohlen wird,
sie auf dieser Grundlage für illegal zu erklären, sondern
vielmehr sie zu »reglementieren«. Die Begründung hierfür
lautet: »dass die Scharia-Räte in manchen muslimischen
Gemeinschaften einen Bedarf abdecken. Es besteht ein Bedarf an religiöser Scheidung, dem aktuell die Scharia-Räte
entgegenkommen.«[61]

Leider ist genau das das Problem. Selbst wenn die
Scharia-Gerichte sämtliche Empfehlungen des Berichts um-
setzen sollten, bleibt doch die geschlechtliche Diskriminierung ihre Daseinsberechtigung. Gerade weil in der Scharia

einer Frau nicht dasselbe Recht der Verstoßung zuerkannt wird, das ein Mann hat, muss sie sich an ein Scharia-Gericht wenden, und diese Grundvoraussetzung lässt sich nicht »reglementieren«. In der abweichenden Meinung eines der Kommissionsmitglieder hinter dem Bericht steht auch: »Das oberste und grundlegende Prinzip der Scharia-Räte ist die Anwendung des Scharia-Rechts. Es ist zweifelhaft, ob irgendein Nutzen darin liegt, dass der Staat so handelt [die Gerichte reglementiert] und den Räten de facto einen quasi-legalen Status verleiht.«[62] Als ob die Scharia-Gerichte akzeptabel wären, wenn sie nicht die Scharia umsetzten.

Es gibt zwei Möglichkeiten: Entweder ist das Gesetz, das in diesen Gerichten zur Anwendung kommt, mit dem geltenden Gesetz konform – dann sind sie überflüssig –, oder mit diesen Gerichten werden Ausnahmen vom geltenden Gesetz gemacht – und dann sind sie inakzeptabel.

Der kosmopolitische Standpunkt

Zwischen den Rechten von Individuen und Gruppenrechten besteht also eine unvereinbare Aporie, die es unerlässlich macht, sich eindeutig auf der Seite der einen oder der anderen zu positionieren. Das ist eine grundlegende ethische Wahl, die enorme moralische und politische Konsequenzen haben kann.

Zweifellos müssen unsere heutigen Gesellschaften sich mit »multikulturellen Konflikten«[63] auseinandersetzen, wie Seyla Benhabib sie nennt, bei denen es sich jedoch eigentlich um Konflikte handelt, die häufig Wirkung und nicht Ursache bestimmter politischer Entscheidungen sind. Auf diese Konflikte darf man jedoch nicht reagieren, indem man das multikulturalistische Prinzip der Gruppenrechte akzeptiert und dafür die Rechte einzelner Gruppenmitglieder auch nur im Ansatz opfert.

Benhabib stellt die Frage: »Warum sollten die Ziele kollektiver Identität von größerer Bedeutung sein als die Werte einer moralischen und ästhetischen Artikulation des Selbst?«[64] Die Antwort könnte lauten, dass die angebliche »kollektive Identität« ein grundlegendes Element der »moralischen und ästhetischen Artikulation des Selbst« ausmache, anders gesagt, dass es kein »ich« geben könne, wenn es kein »wir« gebe. Dem entsprechend erklärt Habermas, dass der klassische Liberalismus als Modell vollkommen ausreiche, um Gruppenrechte betrachten zu können, »[d]enn die Integrität der einzelnen Rechtsperson kann, normativ betrachtet, nicht ohne den Schutz jener intersubjektiv geteilten Erfahrungs- und Lebenszusammenhänge garantiert werden, in denen sie sozialisiert worden ist und ihre Identität ausgebildet hat«.[65]

Das entspricht jedoch nicht immer der Wahrheit, denn um die Integrität einer Person zu schützen, ist es manchmal notwendig, sie aus dem Umfeld zu entfernen, in dem sie geboren wurde und ihre Identität ausgebildet hat. Niemand käme je auf den Gedanken, den Schutz der »Lebenszusammenhänge« eines Kindes einzufordern, das in seiner Familie misshandelt wird. Auch wenn das der Kontext ist, in dem dieses Kind seine Identität herausgebildet hat, und es große Mühen kosten wird, diese Erfahrungen, mit denen es sozialisiert wurde, zu verarbeiten und hinter sich zu lassen, sollte man diesen »Kontext« nicht fatalistisch als gegeben hinnehmen. Diese »intersubjektiv geteilten Erfahrungs- und Lebenszusammenhänge [...], in denen sie [eine Person] sozialisiert worden ist und ihre Identität ausgebildet hat«, das kulturelle und soziale Umfeld also, in dem sie geboren wurde und aufwuchs, sind selbstverständlich nicht irrelevant. Sie sind jedoch gegenüber den grundlegenden Menschenrechten dieser Person zweitrangig. Das Konzept der

Gruppenrechte mit Gewalt in den Rahmen des klassischen Liberalismus pressen zu wollen, zieht nur Aporien nach sich. Die kosmopolitische Betrachtungsweise[66] hingegen will die Autonomie und die Freiheit des Individuums als Grundprinzipien etablieren, die gleichzeitig die Schwelle für jedwede Forderung nach Kollektivrechten bilden.

Wie im vorangegangenen Kapitel gezeigt, sind Forderungen von Minderheitengruppen nicht per se progressive Anliegen. Was von einem kosmopolitischen Standpunkt aus verteidigt werden muss, sind die Rechte jedes einzelnen Individuums als Träger der Universalität des Menschen und nicht als Mitglied einer bestimmten Gruppe. Es ist klar, dass man auf diesem Wege auch an den Punkt gelangen kann, an dem man manchen Gruppen Rechte zuerkennt – beispielsweise das Recht einer Minderheit, in bestimmten Fällen, eine eigene Sprache zu pflegen –, aber das geschieht nicht im Namen eines angeblichen Rechts dieser Minderheiten, sondern einzig und ausschließlich im Namen der Menschenrechte. Aus einer universalistischen und kosmopolitischen Perspektive steht die Zugehörigkeit zur Menschheit über allem. Jede weitere Zugehörigkeit ist zweitrangig und nur so weit zu akzeptieren, wie sie nicht zu Konflikten mit der primären Zugehörigkeit führt. »›Tyrannische‹ Werte müssen vor dem Primat der Menschenrechte zurücktreten.«[67]

In diesem Zusammenhang von Interesse ist die von Benhabib vorgeschlagene Unterscheidung zwischen »*ethnos*, also historische Sitten- und Schicksalsgemeinschaft«, und »*demos* [...], die mit demokratischen Rechten ausgestattete Gesamtheit der Bürger, die zum selben ethnos gehören können oder nicht«.[68] Identitäre Zugehörigkeit und politische Bürgerschaft sind nicht dasselbe. Und auch wenn es im Laufe der Geschichte zu Überlagerungen gekommen sein mag, fallen sie heutzutage immer weniger zusammen. In jedem Fall lohnt es sich, sie auf analytischer Ebene auseinanderzuhalten. Während die Schicksalsgemeinschaft, *ethnos*, gegeben ist, ist die politische Bürgerschaft ein Pakt, der beständig erneuert wird. »Als Gleiche sind wir nicht geboren, Gleiche werden wir als Mitglieder einer Gruppe erst kraft unserer Entscheidung, uns gegenseitig gleiche Rechte zu garantieren.«[69]

In ethnisch oder kulturell betrachtet mehr oder weniger homogenen Gesellschaften kann man die Unterscheidung zwischen Bürgerschaft und ethnischer (oder religiöser) Zugehörigkeit ignorieren, in einer komplexen Gesellschaft nicht. Auf analytischer Ebene ist diese Unterscheidung allgegenwärtig und vollziehbar, auf politischer hingegen wird sie vor allem manifest und muss angegangen werden, wenn der Grad der Komplexität einen bestimmten Schwellenwert überschreitet. Je weiter die Komplexität zunimmt, desto schärfer müssen Bürgerschaft und ethnisch-religiöse Zugehörigkeit unterschieden werden. Es muss ein Grundstock von Werten ausgemacht werden, die den Kern der Bürgerschaft ausmachen und von nationalen, ethnischen, kulturellen und religiösen Zugehörigkeiten unabhängig und diesen übergeordnet sind.

Je komplexer eine Gesellschaft wird, desto härter und unhinterfragbarer muss dieser Wertekern werden, da man andernfalls Gefahr läuft, dass unter den zentrifugalen Bestrebungen identitärer Forderungen die Zugehörigkeit zur politischen Gemeinschaft verblasst, mit dem Resultat, dass Parallelgesellschaften entstehen, in denen die Rechte der Individuen ihre Verbindlichkeit einbüßen. Für Cesari droht genau das gerade in Frankreich zu passieren, wo »spezifische Forderungen immer allgemeiner werden und das Zugehörigkeitsgefühl zur nationalen Gemeinschaft immer schwächer wird«.[70]

Unter welchen Bedingungen gehört man also zum selben *demos*, auch wenn man nicht Teil desselben *ethnos* ist? Benhabib gibt darauf in einer kosmopolitisch-republikanischen Perspektive folgende Antwort: »Die *entscheidenden* Normen für die Integration in Demokratien bilden aber die *Menschen- und Bürgerrechte, die Rechtstraditionen und demokratische Wahl- und Repräsentationspraktiken.* Ihnen, nicht irgendeiner partikularen kulturellen Tradition, müssen Bürger wie Ausländer, Staatsangehörige wie im Inland lebende Fremde Achtung und Loyalität entgegenbringen.«[71]

Dieser normative Kern politischer Integration fällt allerdings nicht etwa vom Himmel, sondern ist ein soziales Konstrukt in beständigem Wandel, das im Umfeld bestimmter kultureller, sozialer und politischer Bereiche geprägt wird und durch den internen Konflikt zutage tritt. Anders gesagt, es handelt sich dabei nicht um eine Gesetzestafel, die ein für alle Mal enthüllt wird und die alle umgehend als verbindlich anerkennen. Vielmehr ist es eine Sammlung von ethischen und politischen Wertvorstellungen, die jeden Tag aufs Neue ausgewählt werden und für die es sich zu kämpfen lohnt. Die Zugehörigkeit zu ein und demselben *demos*, zu einer politischen Gemeinschaft mit gemeinsamem normativen Minimalkern impliziert die Möglichkeit, Wertvorstellungen, Bräuche und Traditionen zu hinterfragen, die mit besagten Integrationsbedingungen in Konflikt stehen.

All das hat nichts mit einer angeblichen Homogenität zu tun. Nussbaum scheint es so fassen zu wollen. Sie schreibt in Bezug auf die Vereinigten Staaten, Indien und Australien: »Alle drei genannten Nationen begreifen demnach Zugehörigkeit in Begriffen gemeinsamer Ziele und Ideale und damit auf eine Weise, die nicht notwendig Homogenität verlangt – in Kleidung, Nahrungsgewohnheiten, religiösen Überzeugungen oder auch äußerlicher religiöser Observanz.«[72] Als ob Ziele und Ideale ungelebte Objekte wären, als ob Traditionen und Überzeugungen inhaltslose äußerliche Verhaltensweisen wären und nicht selbst schon Ziele und Ideale. In sämtlichen Kulturen, angefangen bei unserer, gibt es Elemente, die jenen normativen Minimalkern anfechten, ohne den es kein *demos* gibt.

Als Schluss.
Für ein Projekt universaler Emanzipation

»Homo sum, humani nihil a me alienum puto«
Terenz, *Heautontimoroumenos*

Der »Kampf der Kulturen« ist als Formel ebenso erfolgreich wie unglücklich und tut alles andere, als eine Momentaufnahme der Wirklichkeit zu bieten. Vielmehr hat sie dazu beigetragen, identitäre Konflikte zu befeuern und den öffentlichen Diskurs vom rein Politischen in den Bereich der angeblichen »Kulturen« zu verschieben.

»Es gibt keinen Kampf der Kulturen«, liest man im bereits zitierten Bericht der UNO. »Zunehmend gibt es jedoch innerhalb jeder einzelnen Kultur einen Kampf zwischen denen, die sich für die Gleichberechtigung aller Menschen und allgemeine Menschenrechte einsetzen, und denen, die das nicht tun, manchmal aufgrund ihrer fundamentalistischen oder extremistischen Ideologie. Der Sonderberichterstatter ist zutiefst beunruhigt angesichts der Normalisierung fundamentalistischer und extremistischer Ideologie und Rhetorik in vielen politischen, kulturellen und medialen Kontexten, insbesondere aufgrund der wachsenden Übernahme solcher Ideologie und Rhetorik durch alle etablierten politischen Parteien und ihre Kandidaten. Der Hohe Kommissar der Vereinten Nationen für Menschenrechte hat kürzlich die ›Banalisierung des Borniertten‹ [banalisation of bigotry] angeprangert.«[1]

Die Logik hinter der Rhetorik vom »Kampf der Kulturen« hat nicht nur gewonnen, wenn man sie in ihrer Standardversion zulässt – Okzident gegen Orient, Christentum gegen Islam –, sondern auch, wenn man sich in ihrer Ablehnung von etwas konditionieren lässt, das ich den »Kolonisiererkomplex« nennen möchte.

Um zu erläutern, was ich damit meine, komme ich noch einmal auf die britischen Scharia-Gerichte zurück. Alles, was bei uns reaktionär, schwulenfeindlich und/oder frauenfeindlich gesinnt ist, würde bei dem bloßen Gedanken jubeln, parallele Rechtssysteme einführen zu dürfen, um Familienangelegenheiten zu klären. Sollte jedoch morgen Opus Dei, Comunione e Liberazione, die Zeugen Jehovas oder irgendeine andere der zahllosen fundamentalistischen christlichen Sekten, die sich im Abendland tummeln, die Einrichtung von »Religionstribunalen« fordern, die fortan über familienrechtliche Belange ihrer Anhänger entscheiden, also über Scheidungen, Sorgerecht und so weiter, käme es aller Wahrscheinlichkeit nach zu vehementen Protesten aus der Bevölkerung. Man würde die Verletzung der Grundrechte von Frauen und Kindern anprangern und mit aller Macht versuchen, eine solche regelrechte Besudelung des Rechtsstaates zu verhindern.

Weshalb bleiben vergleichbare Proteste aus, wenn es um Scharia-Gerichte geht, die, wie wir gesehen haben, in einigen europäischen Ländern bereits aktiv sind? Der einzige Grund liegt darin, dass es sich um islamische Gerichte handelt. Sobald es um »andere« Kulturen geht – und genau diesen Begriff des »Anderen«, der »Alterität«, möchte ich hier infrage stellen –, wird im linken Spektrum ein Mechanismus ausgelöst, dem zufolge »unsere« imperialistische Vergangenheit es uns verbiete, irgendjemandem Lektionen erteilen zu wollen. Mit dem ehrbaren Vorsatz mag man sich anfreunden können, doch muss man gut aufpassen, dass er nicht zu einer Selbstzensur führt, wenn es um Menschenrechtsverletzungen in »anderen« Kulturen geht.

Wer sich in diesem Sinne für die Menschenrechte einsetzt, sieht sich oft von links mit dem Vorwurf konfrontiert, paternalistisch zu handeln – wer gibt uns das Recht, ihnen Vorschriften zu machen? Doch darin verbirgt sich eine nicht hinnehmbare Aufhebung der normativen Ebene. Jeder Gedanke ist als solcher situiert, inkarniert und aus einer konkreten Geschichte geboren, was nicht bedeutet, dass er nicht trotzdem einen universalen Anspruch erheben kann. Vor allem darf eine derartige Feststellung nicht zu einem Alibi werden, die eigene Urteilskraft auszusetzen und auf ein Handeln zu verzichten. Sich selbst zu transzendieren und sich in die Lage anderer zu versetzen, sind Vorbedingungen der Politik; andernfalls wäre da bloß das tägliche Regeln der ureigensten Existenz.

Das Argument hinter der Frage »Wer gibt uns das Recht, ihnen Vorschriften zu machen?« berücksichtigt offenbar nicht, dass hier keine Rede von Bräuchen und Traditionen ist, sondern von Rechten. Es sei denn, zugegeben, man wollte Rechte auf Bräuche und Traditionen reduzieren. Anders gesagt, dieselben Argumente lassen sich nicht gegen die »Vereinheitlichung« von Rechten verwenden, die man gegen die Vereinheitlichung von beispielsweise kulinarischen Traditionen aufgrund globaler Fast-Food-Ketten wie McDonald's ins Feld führt. Eine Vereinheitlichung der Rechte »nach oben« – anstelle einer Vereinheitlichung »nach unten«, wie man sie weltweit beispielsweise im Bereich der Arbeiterrechte erlebt – wäre mehr als wünschenswert. Oder wollen »wir« womöglich nicht, dass »die anderen« in den Genuss derselben Rechte kommen?

Imperialismuskritik ist von einem multikulturalistischen – also seinerseits sektiererischen/identitären – oder von einem universalistischen, kosmopolitischen Standpunkt aus möglich. Auf letzterem beruht die hier vertretene Meinung, dass Traditionen und Kulturen den universalen Werten von individueller Autonomie und Freiheit unterzuordnen sind. Unter dieser Betrachtungsweise hat man nicht weniger Recht darauf, eine »andere« Kultur zu kritisieren als die »eigene«. Anderen das eigene Modell *aufzwingen* zu wollen, weil man es für das beste der Welt hält, ist eine ganz andere Position als die, Befreiungs- und Emanzipationsentwicklungen über alle Grenzen hinweg *teilen* zu wollen. Von einem universalistischen, kosmopolitischen und nicht staatenzentrierten Standpunkt aus betrachtet, der Menschen als Mitglieder einer einzigen Weltgesellschaft erachtet, sind alle Argumente hinfällig, die einen angeblichen Neokolonialismus ins Spiel bringen, der seinerseits den Export von Menschenrechten und Demokratie ausnutzen möchte. Hier soll gar nichts exportiert werden. Es geht vielmehr darum, den Pfad der Emanzipation gemeinsam mit jenen Teilen der Menschheit weiter zu beschreiten, die bereits darauf unterwegs sind.

Die Einteilung in »wir« und »die Anderen« ist zwar denkbar, aber ausschließlich als ethisch-politische Unterscheidung. »Wir« sind alle, die progressiv, laizistisch, Verfechter der Menschenrechte sind, in Rom genauso wie in Kabul, in Paris ebenso wie in Dhaka; »die Anderen« sind alle, die auf dieser Welt reaktionär, autoritär und fundamentalistisch sind. Progressive Bewegungen – wie reaktionäre und konservative auch – ziehen sich quer durch alle Kulturen und streiten jeweils für sehr ähnliche Ziele.

Um das Argument hinter »Wer gibt uns das Recht, ihnen Vorschriften zu machen?« zu entschärfen, muss man die allzu häufige Gleichsetzung von Modernität und Verwestlichung kritisch betrachten. Was wir mit dem Wort »Modernität« bezeichnen, ist selbst innerhalb des »Westens« häufig auf enormen Wiederstand gestoßen, und das hält bis heute an. Modernität ist kein »Produkt des Westens«, als handelte es sich um eine »Bestimmung«, sondern das Ergebnis der Kämpfe progressiver Kräfte, um die heteronome und willkürliche Macht von Gemeinschaften wie Familie, Stamm, Clan, Kirche und so weiter über das Individuum abzuschütteln.

Modernität ist ein universales Projekt für die Emanzipation der Person. Eine Reduzierung der Modernität auf den Okzident ist genauso verkehrt wie eine Reduzierung des gesamten Islam auf den Islamismus. Es handelt sich dabei um ein »wechselseitiges Spiel der Zerrspiegel«[2], um einen grundlegenden psychologischen Mechanismus, der jedoch nicht ausschließlich den Mitgliedern der herrschenden Gruppe zu eigen ist, sondern wechselseitig passiert, und von dem man sich nicht lossagen kann, indem man unkritisch die Stereotype der anderen übernimmt.[3]

Zu den grundlegenden Merkmalen der Modernität gehört der Übergang von einer Clansolidarität zur Bürgersolidarität. Dieser Übergang ist entscheidend und hat sich mehr oder weniger überall auf der Welt bereits vollzogen oder ist gerade dabei, sich zu vollziehen. In vielen Staaten des Nahen und Mittleren Ostens basiert, laut Salih, »die Bürgerschaft auf ›Verwandtschaftsrechten‹ anstelle von Individualrechten«.[4] Entsprechend tobt der Kampf zwischen Anhängern von Laizisten und Progressiven einerseits und Konservativen andererseits tatsächlich um eine Reform der Gesetze über den persönlichen Status (vergleichbar mit unserem Familienrecht). Der Kampf für Reformen in diesem Bereich war schon immer die Stärke der Frauenbewegung,[5] hier genauso wie im Abendland. »Wir sehen hier, dass die Gleichstellung der Geschlechter«, schreibt Göle, »über die

Säkularisierung des Rechts vonstattengeht.«[6] Laizität, Demokratie und Gleichberechtigung sind unauflöslich miteinander verwoben.

Das Narrativ der Menschenrechte als Produkt der Verwestlichung und Überbleibsel des Kolonialismus ist außerdem falsch. Es besagt, die Kolonialmächte hätten sich immer bemüht, den Kolonien die Menschenrechte aufzuzwingen, und seien dabei auf Widerstand gestoßen. Das Gegenteil ist jedoch wahrscheinlich. Elham Manea greift diesbezüglich die Arbeiten Roland Burkes auf: »Es mag überraschen, dass es vielmehr die Kolonialmächte waren, die sich um die Mitte des 20. Jahrhunderts auf die Strategie des Kulturrelativismus stützten, um die Universalität der Menschenrechte zu leugnen. So wie heutzutage Iran und Saudi-Arabien, rechtfertigten sie damit Menschenrechtsverletzungen an den Einwohnern ihrer Kolonien.« Dieser Argumentation wurde von den Kolonien widersprochen, die ihrerseits im Namen der gemeinsamen Menschlichkeit einforderten, bei den Abkommen über die Menschenrechte eingeschlossen zu werden.[7]

Diesen Standpunkt vertritt auch Hubertine Auclert in ihrem Buch *Les femmes arabes en Algérie*. Sie zeigt, dass die französischen Kolonialherren nicht etwa den Kolonisierten die französische Rechtsprechung aufzwangen, sondern ihnen vielmehr ein duales Rechtssystem gewährten. Dadurch waren insbesondere Frauen in den kolonisierten Ländern weiterhin dem islamischen Gewohnheitsrecht unterworfen, obwohl das gegen geltendes französisches Recht verstieß.[8] Kurz, das Narrativ der Menschenrechte als Kolonisierungsinstrument müsste man heute als Fake News bezeichnen. Doppelte Rechtssysteme waren schon immer ein Vorrecht derjenigen, die anderen eben jene Rechte vorenthalten wollen, die sie selbst genießen.

Dabei ist noch nicht einmal geklärt, was genau mit »Verwestlichung« beziehungsweise »Okzidentalisierung« gemeint ist. Adel Jabbar schreibt etwa: »Die eurozentrische Sicht wird bestehen bleiben, solange man im Innersten davon überzeugt ist, dass die Anerkennung und die Beachtung von Menschenrechten ausschließlich durch die Übernahme der *vorherrschenden westlichen* Prinzipien und Werte vermittelbar sind.«[9] Was genau will er damit sagen? Selbst wenn man einräumen sollte, dass die Menschenrechtskultur ihren Ursprung im Abendland hat – was an sich schon fraglich ist –, käme ihre Ablehnung *als etwas Westliches* der Ablehnung der arabischen Ziffern gleich, bloß weil sie arabischen Ursprungs sind. Beim Lesen des Satzes gewinnt man den Eindruck, es stecke der Versuch dahinter, eine intrinsische Verbindung zwischen den Menschenrechten und anderen Aspekten der »westlichen Kultur«, die abgelehnt werden, herzustellen, wie etwa dem Konsumismus. Eine derartige Verbindung müsste jedoch erst einmal nachgewiesen werden.

Häufig wird die antikoloniale Rhetorik instrumentalisiert, um eigentlich Menschenrechtsverletzungen zu rechtfertigen und, in erster Linie, die Anerkennung von Frauenrechten zu verhindern. Selbst Papst Franziskus hat sich diese Rhetorik zu eigen gemacht. Zu verschiedenen Gelegenheiten hat er vor einer »ideologischen Kolonisierung gewarnt«, die über die »Indoktrination der Jugend«[10] verlaufe. Damit bezieht er sich beispielsweise auf Projekte der Entwicklungshilfe, die als Bedingung für die Ausschüttung von Geldern die Einrichtung von Programmen zur sexuellen Aufklärung haben. Laut einer Meldung von Radio Vaticana haben sich die afrikanischen Bischöfe 2015 in einer Stellungnahme gegen »einen neuen, entsetzlichen kolonialistischen Geist [aufgelehnt], der sich hinter verlockenden Begriffen wie Freiheit, Gleichberechtigung, Rechten, Autonomie, Demokratie und Entwicklung Programme mit euphemistischen Namen wie ›Sexuelle und reproduktive Gesundheit und Rechte‹ als Voraussetzung für Entwicklungshilfe verbirgt.«[11] Was genau verbirgt sich Schreckliches hinter diesen Bezeichnungen? Nichts Geringeres als »›Kondome, Empfängnisverhütungsmittel, schulische Aufklärungsprogramme ohne moralischen Gehalt, Abtreibung‹, ›Genderperspektiven‹«.[12]

Wenn man bedenkt, welche alles andere als harmlose Rolle die katholische Kirche in der tatsächlichen Kolonisierung gespielt hat, klingt die Tatsache, dass sie sich nun gegen eine angebliche »ideologische Kolonisierung« stellt, wie eine Farce. Dennoch ist diese Rhetorik auch oder, besser, vor allem im linken Spektrum. De facto kehrt man also, unter der Last des eigenen Kolonisierungskomplexes, all jenen den Rücken, die auf dieser Welt tagtäglich für die Menschenrechte streiten und sich im Stich gelassen fühlen. »Die beste Erklärung für die Steinigung einer Frau, die bis zum Hals eingegraben ist, mit der die abendländische Linke aufwarten kann«, schreibt der pakistanische Journalist Umer Ali, »ist der westliche Imperialismus.«[13]

Unsere Zeit scheint also zwischen der Alternative eines kommunitaristischen/multikulturalistischen Abdriftens und einem individualistischen, narzisstischen und egozentrischen Subjektivismus eingezwängt. Dabei sind diese Ansätze nur dem Anschein nach weit voneinander entfernt, tatsächlich nämlich haben sie einen gemeinsamen Kern, die grundsätzliche Gleichgültigkeit gegenüber dem Schicksal einzelner Menschen. Um uns aus dieser Zwangslage zu befreien, müssen wir dringend eine solidarische, laizistische, freiheitliche und universalistische Perspektive einnehmen: Wenn Rechte nicht für alle gelten, nennt man sie Privilegien.

Anmerkungen

Einleitung

1 Die einschlägige Definition geht zurück auf Bauman, *Flüchtige Moderne*.
2 Habermas, »Anerkennungskämpfe im demokratischen Rechtsstaat«, 1993, S. 179.
3 Roy, *La laïcité face à l'islam*, S. 151 f.
4 Ebd.
5 Engels, *Ursprung der Familie, des Privateigentums und des Staates*, S. 193.
6 Benhabib, »Demokratische Iterationen. Das Lokale, das Nationale, das Globale«, S. 43.

1. Laizität als Voraussetzung der Demokratie

1 Mir ist klar, dass die Bedeutung des Wortes »Fundamentalismus« alles andere als selbstverständlich ist. Um diesen und ihm nahestehende Begriffe sowie um ihre Bedeutung im Rahmen dieses Buches wird es ausführlicher im zweiten Kapitel gehen.
2 Das Wort »Gemeinschaft« steht hier in Anführungszeichen, da es eines dieser typischen Wörter ist, die ganz harmlos und beschreibend wirken, stattdessen jedoch einen bestimmen kulturellen, normativen und politischen Horizont heraufbeschwören. Darum wird es im vierten Kapitel genauer gehen.
3 Im von Hans Kelsen skizzierten Stufenbau der Rechtsnorm legitimiert die Grundnorm jede andere Norm. Siehe Kelsen, *Reine Rechtslehre. Einleitung in die rechtswissenschaftliche Problematik*; ders., *Reine Rechtslehre. Mit einem Anhang: Das Problem der Gerechtigkeit*.
4 Gauchet, *La réligion dans la démocratie*, S. 57.
5 Rodotà, *Perché laico*, S. 22.
6 In seiner *Kritik der reinen Vernunft* unterscheidet Immanuel Kant drei Stufen des »Führwahrhaltens«: »*Meinen* ist ein mit Bewußtsein sowohl subjectiv, als objectiv unzureichendes Fürwahrhalten. Ist das letztere nur subjectiv zureichend und wird zugleich für objectiv unzureichend gehalten, so heißt es *Glauben*. Endlich heißt das sowohl subjectiv als objectiv zureichende Fürwahrhalten das *Wissen*.« Anders ausgedrückt ist der Glaube eine Spielart des »Führwahrhaltens«, deren subjektive Überzeugungskraft deutlich stärker ist als die der bloßen Meinung, gleichzeitig jedoch kann sie nicht darauf spekulieren, *erga omnes* Verbindlichkeit zu erringen, wie es jedoch beim Wissen der Fall ist. Kant, *Kritik der reinen Vernunft*, S. 533.
7 Ebd., S. 535, https://korpora.zim.uni-duisburg-essen.de/kant/aa03/535.html, (23.5.2020).
8 Filali-Ansary, *L'Islam est-il hostile à la laïcité?*
9 »compromis mediéval«; ebd., S. 47.
10 Auch in der christlichen Welt und insbesondere bei den Protestanten stößt man auf regelrechte Kreuzritter unter dem Banner der Trennung von Staat und Kirche, wenngleich diese Trennung weniger zum Schutz des Staates vor der Religion beschworen wird, sondern eher um diese von den Einflüs-

sen des ersteren zu bewahren. Siehe dazu die Geschichte von Roger Williams in Massimo Rubbolis Aufsatz »Roger Williams. Il puritano precursore della laicità radicale«.

11 Eine Besonderheit in der Beziehung zwischen Islam und politischer Macht ist die, dass »im Gegensatz zum Judentum und zum Christentum, die sich bereits im Augenblick ihrer Geburt und noch lange danach gegen bestehende Staaten haben behaupten müssen, [...] der Islam in einem Ambiente entstanden [ist], das sich gerade durch das Fehlen eines Staates auszeichnete«. Filali-Ansary, *L'Islam est-il hostile à la laïcité?*, S. 152.

12 Gauchet, *La réligion dans la démocratie*, S. 84. In Frankreich stellt die wichtigste Etappe auf dem Weg zur Säkularisierung das Gesetz zur Trennung von Staat und Kirche von 1905 dar. »In Frankreich hängt die Laizität mit einem bestimmten geschichtlichen und politischen Kontext zusammen: dem Willen, den Staat und die Gesellschaft aus dem Einfluss der Katholischen Kirche zu lösen, nicht so sehr von der Religion im Allgemeinen. Die Republik hat sich letzten Endes gegen die Katholische Kirche errichtet.« Roy, *La laïcité face à l'islam*, S. 39.

13 Ebd., S. 30.

14 Gauchet, *Le désenchantement du monde*.

15 Ders., *Un monde désenchanté?*, S. 123.

16 Man denke etwa an Gilles Kepel, *Die Rache Gottes. Radikale Moslems, Christen und Juden auf dem Vormarsch*.

17 Gauchet, *Un monde désenchanté?*, S. 189. Roy vertritt eine ähnliche These, wenn er schreibt, »die Säkularisierung hat das Religiöse nicht ausgelöscht. Sie hat das Religiöse aus unserer kulturellen Umwelt herausgelöst und lässt es dadurch gerade als rein Religiöses in Erscheinung treten«, wodurch nicht so sehr eine »›Rückkehr‹ des Religiösen, sondern eine Veränderung« herbeigeführt worden sei. Roy, *Heilige Einfalt*, S. 20 f.

18 Gauchet, *Un monde désenchanté?*, S. 18.

19 Ebd., S. 185 f.

20 Ebd., S. 185, Hervorhebung von der Autorin.

21 Ebd., S. 94.

22 Roy, *La laïcité face à l'islam*, S. 161.

23 Gauchet, *Un monde désenchanté?*, S. 78, Hervorhebung von der Autorin.

24 Anscheinend ist nämlich genau das geschehen. Siehe Guido Tonellis Artikel »In principio era il vuoto«, in: *MicroMega*, 6/2017, S. 17–29; ders., *Genesis. Die Geschichte des Universums in sieben Tagen*.

25 Peña-Ruiz, *Qu'est-ce que la laïcité?*, S. 97.

26 Gauchet, *La religione nella democrazia*, Nachwort, S. 144.

27 Konkordate bezeichnen vertragliche Abmachungen zwischen dem Vatikan und einem Staat. Es gibt vergleichbare Regelungen mit anderen Glaubensgemeinschaften. Anmerkung vom Übersetzer.

28 Der katholische Religionsunterricht in den öffentlichen Schulen Italiens ist tatsächlich insofern konfessionell zu nennen, als er von Lehrern erteilt wird, die von den kirchlichen Autoritäten ernannt worden sind und keine historisch-kritische Inhalte vermitteln, sondern dogmatische. Das ist festgelegt im Zusatzprotokoll des Abkommens zur Veränderung des Konkordats zwischen dem Heiligen Stuhl und der Italienischen Republik von 1984, Punkt 5a: »Der Unterricht in katholischer Religion [...] wird erteilt – in Übereinstimmung mit der Doktrin der [katholischen] Kirche und unter Berücksichtigung der Gewissensfreiheit der Schüler – von Lehrern, die *seitens der kirchlichen Autoritäten als geeignet anerkannt* und in Rücksprache mit diesen durch die Schulbehörden ernannt werden.« Sowohl die Inhalte des

Unterrichts (»in Übereinstimmung mit der Doktrin der Kirche«) als auch die Auswahl des Lehrpersonals liegen folglich in den Händen der katholischen Führung. Im italienischen Wortlaut auf der Website des Vatikans, https://bit.ly/2yt2Zwa (23.5.2020). Nicht ganz unähnlich sieht es in Deutschland aus, wo die Religionslehrer je nach Bundesland über die Zulassung der jeweiligen Religionsgemeinschaft verfügen müssen. Der Unterrichtsinhalt hat auch in Deutschland laut Grundgesetz keinen historisch-wissenschaftlichen, sondern konfessionellen Charakter: »Unbeschadet des staatlichen Aufsichtsrechtes wird der Religionsunterricht in Übereinstimmung mit den Grundsätzen der Religionsgemeinschaften erteilt.« (Art. 7 III 2 GG).

29 In seiner Rede auf dem »III Congresso dell'Associazione a difesa della scuola nazionale (Adsn)« am 11. Februar 1950 definierte Piero Calamandrei, einer der Autoren der italienischen Verfassung, die Schule als »Verfassungsorgan«, insofern sie eine zentrale Institution für die Demokratie darstelle. Im italienischen Wortlaut verfügbar auf der Website der UAAR, https://bit.ly/2KnSX4p (23.5.2020).

30 Vor nicht allzu langer Zeit hat in Deutschland das Oberverwaltungsgericht von Nordrhein-Westfalen entschieden, dass der Zentralrat der Muslime in Deutschland (ZMD) keinen Anspruch darauf hat, die Einführung muslimischen Religionsunterrichts an öffentlichen Schulen zu verlangen. Die Begründung lautet, dass der ZMD keine Religionsgemeinschaft im Sinn des Grundgesetzes darstelle. Es handelt sich offensichtlich um eine schwache Argumentation, weil sie auf dem privilegierten Status der christlichen Kirchen in Deutschland fußt, nach deren Vorbild der Begriff der »Religionsgemeinschaft« definiert wurde. Siehe https://bit.ly/2MCjwiJ (23.5.2020).

31 Der Pastafarianismus, auch Kirche des Fliegenden Spaghettimonsters, ist eine Religion, die der US-amerikanische Physiker Bobby Henderson aus Protest gegen die Entscheidung der Schulbehörde im US-Bundesstaat Kansas gründete, den Kreationismus als Alternative zur Evolutionstheorie in den Biologieunterricht aufzunehmen. Henderson schrieb 2005 einen Brief an die Behörde und forderte, dass auch die Theorie der Kirche des Fliegenden Spaghettimonsters zur Erschaffung des Menschen in den Lehrplan übernommen werde. Seitdem gibt es überall auf der Welt Pastafaris, die mit rechtlichen Mitteln dafür kämpfen, die Privilegien von Religionen offenzulegen (siehe S. 47 f.).

32 Das ist keine bloße Provokation: Jennifer Crepuscolo, die sich selbst als »eine Anhängerin der Kirche Satans« bezeichnet und die Union italienischer Satanisten gegründet hat, fordert bereits gleichberechtigte Behandlung für Satanisten, die ihr zufolge in Italien zu Unrecht verfolgt würden. Siehe Thomas Mackinson, »Abruzzo, ›task force anti seguaci del Maligno‹. Unione Satanista protesta: ›Questa è discriminazione religiosa‹«, in *Il Fatto Quotidiano*, 25.8.2017, https://bit.ly/2KADppI (23.5.2020).

33 Die Lateranverträge von 1929 (zwischen dem faschistisch regierten Königreich Italien und dem Heiligen Stuhl; Anmerkung vom Übersetzer), die in der italienischen Verfassung von 1948 anerkannt wurden, erklärten den Katholizismus zur Staatsreligion Italiens. Erst bei der Revision des Konkordats 1984 wurde diese Klausel entfernt.

34 Zweite Formel von Kants kategorischem Imperativ. Kant, *Kritik der reinen Vernunft*, S. 433.

35 Ders., *Beantwortung der Frage: Was ist Aufklärung?*, S. 35.

36 Rossi, Spinelli und Colorni, *Manifest von Ventotene*.

37 Zitiert in Gauchet, *La réligion dans la démocratie*, S. 64–66. Renouvier
  zufolge müsse der Staat sich mit einer »spirituellen Macht« ausstatten, die
  selbstverständlich »die Freiheit des Einzelnen respektiert und [...] den Glaubensrichtungen und ihrem Kult freien Ausdruck ermöglicht, soweit diese
  legitime Anerkennung der Gewissensfreiheit sich nicht widerrechtlich auf
  Einmischungen erstreckt, die mit dem allgemeinen Recht unvereinbar sind.
  Keine Religion darf sich folglich Institutionen verleihen, die mit der Zivil-
  regierung in Widerstreit stehen und deren Einflussbereich infrage stellen
  oder zu leugnen versuchen.«
38 Recht ist das »Gesetz eines mit jedermanns Freiheit nothwendig zusam-
  menstimmenden wechselseitigen Zwanges unter dem Princip der allgemeinen Freiheit«. Immanuel Kant, *Metaphysische Anfangsgründe der
  Rechtslehre*, § E, S. 232. Mit dem Rechtsbegriff Kants habe ich mich befasst
  in meinem Buch: *La Terra è rotonda. Kant, Kelsen e la prospettiva cosmopolitica*. Die Universalität als grundlegendes Merkmal eines demokratischen Rechtssystems wird im fünften Kapitel Thema sein.

2. Religion als gesellschaftliches und kulturelles Phänomen

1 Zum Ausmaß dieses Phänomens, das allzu oft auf die gern an die Wand
  gemalten schwarzen Schafe begrenzt wird, sei mit Hauptaugenmerk auf
  Italien auf die Bücher von Federico Tulli verwiesen: *Chiesa e pedofilia*, Rom:
  L'asino d'oro, 2010; *Chiesa e pedofilia, il caso italiano*, Rom: L'asino d'oro,
  2014.
2 »Bastardi Islamici« prangte am Morgen nach den Terroranschlägen in Paris
  im November 2015 auf der Titelseite der italienischen Zeitung *Libero*. Für
  diese Schlagzeile wurde der damalige Chefredakteur Maurizio Belpietro
  wegen »Beleidigung einer religiösen Konfession durch Verunglimpfung von
  Personen«, erschwert durch rassistische Motivation, angeklagt. Er wurde
  freigesprochen.
3 Siehe in diesem Zusammenhang den Bericht von Don Vitaliano Della Sala
  über sein Leben im Priesterseminar, in: *MicroMega*, 4/2018, S. 169–176.
4 Selbst Religionen, die wir ihrem Wesen nach als pazifistisch beurteilen, wie
  der Buddhismus, können eine ungeahnte Grausamkeit an den Tag legen.
  Siehe Berloffa, »Massacrare nel nome del Budda«; der gesamte Band ist den
  fundamentalistischen Ausprägungen der diversen Religionen gewidmet.
5 Harris und Nawaz, *Islam and the future of tolerance*, S. 65 f. Die Texte seien
  auch nicht so »elastisch«, wie die »Moderaten« uns glauben machen woll-
  ten. »Man kann zum Beispiel nicht behaupten, der Islam würde zum Ver-
  zehr von Speck und zum Konsum von Alkohol raten.« Und »zu behaupten,
  die zentrale Botschaft des Koran sei der Respekt für Frauen als den Männern in moralischer und politischer Hinsicht ebenbürtig, ist ganz einfach
  nicht möglich. Ganz im Gegenteil kann man sehr wohl sagen, dass im Islam
  die Kernaussage Frauen zu Bürgern zweiter Klasse macht, die zeitlebens als
  Besitztümer der Männer in ihrem Leben gelten.« Ebd., S. 68 f.
6 Ebd., S. 32.
7 Popper, *Das Elend des Historizismus*; ders., *Die offene Gesellschaft und ihre
  Feinde*.
8 Maalouf, *Mörderische Identitäten*, S. 47.
9 Roy, *La laïcité face à l'islam*, S. 21.
10 Exodus 20,17, Deuteronomium 5,21, Zürcher Bibel.

11 Roy bemerkt beispielsweise, dass in Ägypten der »Thar«, die traditionelle
Blutrache, bei den koptischen Christen genauso verbreitet ist wie bei den
Muslimen und dass weder das Evangelium noch der Koran dem haben
Einhalt gebieten können. Siehe Roy, *La laïcité face à l'islam*, S. 90.

12 Ebd.

13 »Gleichgestellte Privatschulen«; das sind Privatschulen, deren Abschlüsse
denen einer staatlichen Schule gleichgestellt sind. Anmerkung vom Übersetzer.

14 Das geschieht in bestimmten christlichen Sekten systematisch, zum Beispiel bei den Zeugen Jehovas. Matteo Pucciarelli etwa, Journalist der Tageszeitung *La Repubblica*, hat am 17. August 2017 auf seiner Facebook-Seite
öffentlich von seinem Austritt aus den Zeugen Jehovas berichtet: »Vor etwa
zehn Jahren habe ich aus freier Entscheidung und ganz bewusst beschlossen, der Glaubensrichtung den Rücken zu kehren, in der mich meine Eltern
aufgezogen hatten: den Zeugen Jehovas. [...] In Übereinstimmung mit den
Regeln der Gemeinschaft – Vorschriften, die nicht nur jenseits der Zeit, der
Vernunft, der Gesellschaft liegen, sondern auch abseits der verfassungs-
rechtlichen Grundsätze dieses Landes – habe ich seit jenem Tag de facto
meine Eltern, meine drei Schwestern und meinen Bruder verloren. Keine
Familientreffen, selbstverständlich auch keine Feiern, keine Einladung zur
Hochzeit der beiden Geschwister, die in der Zwischenzeit geheiratet haben,
sporadische Anrufe (einer oder zwei im Jahr, jetzt nicht einmal mehr das).
Dein Leben geht trotzdem weiter, aber sie sind nicht mehr da, können oder
wollen nicht mehr da sein.« https://bit.ly/2SwYyYs (23.5.2020). Siehe ebenfalls zu den Zeugen Jehovas den Bericht: Picariello, *Geova non vuole che mi
sposi*; zu Opus Dei: Provera, *Dentro l'Opus Dei*.

15 Roy, *La laïcité face à l'islam*, S. 160.

16 In Italien regelt das Gesetz 194/1978 den freiwilligen Schwangerschaftsabbruch und legt fest, dass medizinische Einrichtungen zu dieser Dienst-
leistung verpflichtet sind. Unter Artikel 9 ermöglicht das Gesetz dem medizinischen Personal, an Eingriffen zum Schwangerschaftsabbruch nicht
teilzunehmen, sofern Gewissensgründe dagegensprechen. Das hat die
paradoxe Situation herbeigeführt, dass in manchen Einrichtungen und in
bestimmten Teilen des Landes der Anteil an Verweigerern aus Gewissensgründen derart hoch ist, dass der Eingriff faktisch verweigert wird (im
nationalen Durchschnitt verweigern in Italien etwa 70 % des Personals, in
manchen Gegenden liegt die Quote jedoch tatsächlich bei 90 %). Das
zwingt viele Frauen, lange Reisen und Strapazen auf sich zu nehmen, um
ein Recht geltend zu machen, das ihnen vom Staat zugesichert wird. Häufig
erfolgt die Verweigerung auch gar nicht aus ethischen Beweggründen,
sondern aus »Bequemlichkeit«: Einerseits ist die Durchführung eines
Schwangerschaftsabbruchs sicher auch für die Ärzte nicht angenehm, weshalb sie durch die Verweigerung, die durch den Verweis auf Gewissensgründe auch nicht anfechtbar ist, beliebig entscheiden können, welche
Leistungen sie erbringen und welche nicht. Andererseits ist es in einem
beruflichen Kontext, in dem der überwältigende Anteil der Kollegen und
Vorgesetzten aus Gewissensgründen verweigert, für den eigenen Arbeits-
alltag und auch die Karriere von Vorteil, es ihnen gleichzutun. Die wenigen
Ärzte, die sich nicht entziehen, sind tatsächlich vollkommen überlastet und
fast ausschließlich mit Schwangerschaftsabbrüchen beschäftigt. Sie
machen äußerst selten Karriere. Das Gesetz beschränkt dieses Recht ausdrücklich auf medizinisches Personal und auf die tatsächlich zum Abbruch
führenden Prozeduren, nicht etwa auf die medizinische Betreuung davor

und danach, die folglich jederzeit gewährleistet sein muss. Viele katholische Vereinigungen, die sich als »pro life« bezeichnen, versuchen jedoch, den Geltungsbereich der Verweigerung aus Gewissensgründen widerrechtlich auszuweiten, beispielsweise auf Apotheker, die sich häufig weigern, die »Pille danach« zu verkaufen, obwohl es sich dabei nicht um eine »Abtreibungspille« handelt. Mit anderen Worten, Artikel 9 des Gesetzes 194/1978 wird als Hintertürchen genutzt, um das Gesetz 194 zu boykottieren und Frauen ein ihnen zustehendes Recht zu verweigern. Um Deutschland ist es nicht viel besser bestellt, wo Ärzte, die Schwangerschaftsabbrüche vornehmen, sich ständigen Einschüchterungen und Schlimmerem ausgesetzt sehen. Abtreibungsgegner drohen unter Berufung auf Paragraf 219a des Strafgesetzbuches mit Anzeigen, da die Verbreitung von Informationen zum Schwangerschaftsabbruch als eine Form von Werbung verboten ist. Die Konsequenzen sind mit denen in Italien vergleichbar, weil nur ein kleiner Teil engagierter Ärzte bereit ist, das Risiko einzugehen, das de facto damit verbunden ist, Schwangerschaftsbrüche anzubieten und Frauen zu ihrem Recht zu verhelfen.

17 So etwa Papst Franziskus, der die Abtreibung mit einem Auftragsmord vergleicht:»Ist es richtig, einen Auftragsmörder anzuheuern, um ein Problem zu lösen?«, www.tagesschau.de/ausland/papst-abtreibung-101.html.

18 Gauchet, *La réligion dans la démocratie*, S. 8.

19 ders., *Un monde désenchanté?*, S. XI.

20 Steve Annear, »Woman allowed to wear spaghetti strainer in Mass. license photo«, in: *Boston Globe*, 13.11.2015, https://bit.ly/1Hjcb47 (23.5.2020).

21 Das Prinzip, wonach jede Kirche auch wirtschaftlich von ihren Anhängern unterhalten werden muss und das dazu führt, dass, wer keinen Beitrag mehr leisten will, ausgeschlossen wird (wie bei jedem anderen Verein, der Mitgliedsgebühren erhebt), ist unantastbar und sakrosankt, wäre da nicht das kleine Detail, dass die Anmeldung zu diesen ganz besonderen Vereinen – Religionen – eben meist ohne eigenes Zutun erfolgt.

22 Im Fall der sogenannten »quote non espresse«, also der Abgaben derjenigen Steuerpflichtigen, die keine empfangende Institution ausgewählt haben, kommt das Geld nicht etwa den Bürgern zugute, sondern wird entsprechend den Verhältnissen der »quote espresse«, der Abgaben mit spezifiziertem Empfänger, auf die gewählten Institutionen aufgeteilt. Da diese großenteils zur katholischen Kirche gehören, fällt dieser der Löwenanteil auch dieser Gelder zu.

23 In Deutschland etwa wird der Tatbestand unter dem sogenannten Gotteslästerungsparagrafen (§ 166 StGB) geregelt. Wer »den Inhalt des religiösen oder weltanschaulichen Bekenntnisses anderer in einer Weise beschimpft, die geeignet ist, den öffentlichen Frieden zu stören«, könne nicht nur mit Geldstrafen, sondern auch mit einer Freiheitsstrafe belegt werden. Anmerkung vom Übersetzer.

24 Die italienische Pastafari-Kirche nimmt an der internationalen Kampagne #endblasphemielaws gegen die geltenden Blasphemiegesetze in verschiedenen Ländern der Welt teil. Die Pastafari-Kampagne setzt genau an dem Prinzip an, dass man vollkommen beliebig entscheiden kann, was man als blasphemisch empfindet und was nicht. Für die italienischen Pastafaris, deren Gott ein fliegendes Spaghettimonster ist, gilt als die schwerwiegendste Schmähung »Dio scotto!« (verkochter Gott), was sie gerne auch auf ihren Manifesten zum Ausdruck bringen.

25 Nussbaum, *Die neue religiöse Intoleranz*, S. 104 f.

26 Peña-Ruiz, *Qu'est-ce que la laïcité?*, S. 100 f.

27 Antonio Gramsci bemerkt dazu, dass das Konkordat de facto eine unilaterale Einschränkung der Souveränität des italienischen Staates auf eigenem Staatsgebiet darstellt:»Aber ein Konkordat ist kein gewöhnlicher internationaler Vertrag: im Konkordat kommt es de facto zu einem Souveränitätseingriff in ein *einziges* Staatsgebiet [...]. [W]ährend das Konkordat die staatliche Autorität einer der vertragschließenden Seiten auf ihrem eigenen Territorium einschränkt und ihre Gesetzgebung und ihre Verwaltung beeinflusst und bestimmt, wird keinerlei Einschränkung für das Territorium auf der anderen Seite angedeutet. [...] Das Konkordat ist folglich die ausdrückliche Anerkennung einer doppelten Souveränität auf ein und demselben Staatsgebiet.« Gramsci, *Gefängnishefte*, Heft 16, § 11, S. 1817 f.

28 Rodotà, *Perché laico*, S. 21.

29 Ebd., S. 21 f.

30 Roy, *La laïcité face à l'islam*, S. 97.

31 Ebd., S. 126.

32 United Nations, General Assembly, Human Rights Council, *Report of the Special Rapporteur in the field of cultural rights*, § 67, S. 15; § 73, S. 16; § 85, S. 18; § 88, S. 19.

33 United Nations, General Assembly, Human Rights Council, *Report of the Special Rapporteur in the field of cultural rights*, § 90, S. 19.

34 Es wird jedoch auch die Meinung vertreten, dass angesichts des übertrieben politischen Tuns bestimmter religiöser Strömungen gerade diejenigen fundamentalistischen Gruppen, die man als »apolitisch« bezeichnen würde, vielleicht Verbündete im Widerstand sein könnten. Das vertritt beispielsweise Maajid Nawaz:»Konservative Muslime können als Alliierte im Kampf gegen Islamismus und Jihadismus von großem Nutzen sein, aber sie könnten sich uns in Fragen von Frauenrechten und Gleichberechtigung sowie, in manchen Fällen, Ehrenmord widersetzen.« Harris und Nawaz, *Islam and the future of toleranc*, S. 26.

35 Der britische Journalist Brian Whitaker hat 2016 beispielsweise in einem Artikel beschrieben, welche ideologischen und finanziellen Verbindungen zwischen bestimmten fundamentalchristlichen Gruppen in den USA und dem muslimischen Land Katar bestehen. Whitaker, »Qatar's Christian Crusaders«.

36 United Nations, General Assembly, Human Rights Council, *Report of the Special Rapporteur in the field of cultural rights*, § 75, S. 16.

37 Siehe etwa *MicroMega*, 8/2016; der Band ist ganz dem Thema der diversen Fundamentalismen gewidmet.

38 So Bergoglio in seiner Rede vom 16.6.2018, die er während der Audienz des Forum delle Associazioni Familiari hielt, einer Dachorganisation für katholische Vereine und Gruppierungen rund um das Thema Familie. Der italienische Text der Rede findet sich auf der Website der katholischen Tageszeitung *Avvenire*, https://bit.ly/2ME3tkE (23.5.2020). »Viele Frauen – denn so ist eher die Frau als der Mann, wenngleich es auch beim Mann manchmal vorkommt – viele Frauen haben schweigend abgewartet und weggesehen, darauf wartend, dass der Mann zur Treue zurückfindet. Das ist die Heiligkeit. Heiligkeit, die alles verzeiht, weil sie liebt. Geduld. Viel Geduld, miteinander. Ist einer gereizt und schreit, antworte darauf nicht deinerseits mit einem Schrei ... still sein, den Sturm vorüberziehen lassen, und dann, wenn der richtige Zeitpunkt gekommen ist, darüber reden.«

39 Salih, *Musulmane rivelate*, S. 21 ff.

40 Stasi, »La Polonia di Radio Maryja«.

41 Christian Davies, »Polish MPs back even tougher restrictions on abortion«, in: *The Guardian*, 11. Januar 2018, https://bit.ly/2mvfVZh (23.5.2020). Zum großen Einfluss der katholischen Kirche in der Politik Polens siehe Heinen und Portet, »Religion, Politics and Gender Equality in Poland«.

42 Eine mit Erfolg gesegnete Kampagne, da das slowakische Parlament im November 2019 eine Resolution verabschiedet hat, dass es die Konvention nicht ratifizieren werde, was wiederum die italienische Provita-Organisation sehr erfreut. Siehe https://bit.ly/2EaBZRn (23.5.2020). Die italienische Übersetzung des Textes, der in den slowakischen Kirchen verlesen wurde, unter https://bit.ly/2tW9Ckt (23.5.2020).

3. Der Islam – eine neue europäische Religion

1 Roy, *La laïcité face à l'islam*, S. 16.

2 Ebd., S. 63 f., Hervorhebung von der Autorin.

3 Cesari, »L'islam francese«, S. 146.

4 Es bleibt im Gedächtnis, dass die Nominierung des erzkonservativen Katholiken Rocco Buttiglione zum EU-Kommissar 2004 nicht erfolgte, nachdem er seine Haltung zur Homosexualität zum Ausdruck gebracht hatte; er betrachtet Homosexualität als »moralische Störung«. – Demgegenüber bezeichnet sich die Parlamentarierin im Ruhestand Rosy Bindi als »demokratische Katholikin« und vertritt eine offen laizistische Haltung, die etwa in dem Interviewband *Quel che è di Cesare* zum Ausdruck kommt. Siehe Rosy Bindi und Giovanna Casadio, *Quel che è di Cesare*, Rom: Laterza, 2009. Anmerkung vom Übersetzer.

5 Khosrokhavar, »L'islam dei giovani in Francia«. Seine Betrachtungen lassen sich im Grunde auf das übrige Europa übertragen.

6 Ebd., S. 165.

7 Ebd., S. 168 f.

8 Ebd., S. 182.

9 Gilles Kepel, *Das Schwarzbuch des Jihad.*

10 Im deutschsprachigen Raum heißt die Bewegung »Gemeinschaft und Befreiung«.

11 Malik, *Das Unbehagen in den Kulturen*, S. 92 f. Ahmad Abu Laban stand an der Spitze der Islamischen Glaubensgemeinschaft in Dänemark und war einer der vehementesten Kritiker der Karikaturen im *Jyllands-Posten*. Er selbst hat ein regelrechtes Dossier zu den Karikaturen angelegt, um in diversen Ländern des Mittleren Ostens diplomatische Unterstützung in der Auseinandersetzung mit der Zeitung zu erhalten. Er war bekannt dafür, fundamentalistische und gewalttätige Positionen zu vertreten. Er starb 2007.

12 Canan Topçu, »Dieses Votum sagt nicht, was alle Deutschtürken denken«, in: *Die Zeit*, 17.4.2017, https://bit.ly/2lOJLHs (23.5.2020).

13 Can Dündar ist ein türkischer Journalist. Er war Chefredakteur der unverhohlen Erdoğan-kritischen Zeitung *Cumhuriyet*. Aufgrund einiger Reportagen in *Cumhuriyet* hat Dündar mehrere Monate im Gefängnis verbracht. Seit 2016 lebt er im deutschen Exil, wo er für die Wochenzeitung *Die Zeit* schreibt. Besonders relevant in diesem Zusammenhang ist sein Artikel »Lasst sie wählen! Warum geben Türken in Deutschland Erdoğan ihre Stimme?«, in: *Die Zeit*, 26.4.2017, https://bit.ly/2MAa13J (23.5.2020).

14 Canan Topçu, »Schadenfreude ist das Letzte, was wir jetzt brauchen«, in: *Die Zeit*, 20.6.2017, https://bit.ly/2MDCGoF (23.5.2020). – In Ihrem Artikel

führt die Autorin das im Text angeführte Argument als »Distanzierungs-
druck« aus: »Ich will mich als Muslima aber nicht rechtfertigen. Weil es für
mich als Mensch selbstverständlich ist, Gewalt und Mord abzulehnen.
Wenn Muslime sich nicht von Gewalt im Namen Allahs distanzieren, dann
bedeutet das keineswegs, dass sie islamistische Terroraktivitäten gut-
heißen.« Anmerkung vom Übersetzer.

15 Siehe dazu den Artikel »Ditib will nicht an Friedensmarsch teilnehmen« in
der *Zeit* vom 15.6.2017, https://bit.ly/2KpKcGY (23.5.2020). Seit September
2018 prüft das Bundesamt für Verfassungsschutz eine Einstufung der DiTiB-
Zentrale als Verdachts- oder Beobachtungsobjekt.

16 1992 verübte die sizilianische Mafia mehrere Attentate auf Persönlichkeiten,
die ihr gefährlich zu werden drohten. Unter anderem wurden die Juristen
und erklärten Mafiagegner Giovanni Falcone und Paolo Borsellino ermordet, was zu einem landesweiten Aufschrei führte. Siehe auch Kap. 4 Anm. 11.
Anmerkung vom Übersetzer.

17 Bilder einiger Plakate und die Berichterstattung dazu finden sich in Mayer
Nissim, »Ex-Muslim group hit back after Pride ›Allah is gay‹ sign row: ›They
are trying to silence us‹«, in: *PinkNews*, 17.7.2017, www.pinknews.co.
uk/2017/07/17/ex-muslim-group-hit-back-after-pride-allah-is-gay-sign-row-
they-are-trying-to-silence-us (23.5.2020).

18 CEMB, »Largest gathering of ex-Muslims in history«, 25.7.2017, www.ex-
muslim.org.uk/2017/07/largest-gathering-of-ex-muslims-in-history
(23.5.2020).

19 CEMB, »Pride has the chance to do the right thing«, 28.7.2017, https://bit.
ly/2IIoOHc (23.5.2020).

20 Ali A. Rizvi »An Atheist Muslim's Perspective on the ›Root Causes‹ of
Islamist Jihadism and the Politics of Islamophobia«, in: *Huffington Post*,
3.7.2013, https://bit.ly/2IxezFC (23.5.2020).

21 Zu Buttiglione siehe Kap. 3 Anm. 4. Mario Adinolfi ist ein sehr konservativer,
teilweise als christlicher Fundamentalist bezeichneter Journalist und Politiker, der unter anderem gegen die gleichgeschlechtliche Ehe und die Abtreibung ist, und Carlo Giovanardi ein konservativer, ehemals christdemokrati-
scher Politiker, der mehrfach durch homophobe Äußerungen aufgefallen
ist. Anmerkung vom Übersetzer.

22 So erging es beispielsweise Rana Ahmad, die in ihrem Buch *Frauen dürfen
hier nicht träumen* davon erzählt. Um Menschen wie ihr zu helfen hat sie die
Säkulare Flüchtlingshilfe e.V. gegründet; https://atheist-refugees.com
(23.5.2020).

23 »[U]ne sainte alliance laïque«; Roy, *La laïcité face à l'islam*, S. 12.

24 Ebd., S. 13.

25 Das kann regelrecht surreale Ausmaße annehmen, wie beispielsweise die
Entscheidung des französischen Conseil d'État, die vorschreibt, das Kreuz
von einer Statue Karol Wojtyłas in der Bretagne zu entfernen. Siehe Andrea
Tarquini, »Francia, via la croce dalla statua di Wojtyla: protesta la Polonia«,
in: *La Repubblica*, 31.10.2017, https://bit.ly/2zkkjSV (23.5.2020).

26 Roy, *La laïcité face à l'islam*, S. 17.

27 Siehe hierzu das Buch der Mediävistin Maria Giuseppina Muzzarelli, *A capo
coperto*. Auch die Burka ist nicht allein auf muslimische Länder beschränkt.
Es gibt beispielsweise eine jüdisch-orthodoxe Sekte, die Haredi burqa sect,
in der Frauen eine Form der Burka tragen müssen.

28 Beispielhaft sei auf die Ausführungen von Ruba Salih zur Türkei und zu Iran
verwiesen: *Musulmane rivelate*, S. 43–77.

29 Sen, *Ökonomie für den Menschen; ders., Die Idee der Gerechtigkeit*.

30 La Boétie, *Discours de la servitude volontaire* [1576], dt. *Von der freiwilligen Knechtschaft.*

31 Bezüglich des katholischen Religionsunterrichts hat die bereits erwähnte italienische Vereinigung UAAR, Union der rationalistischen Atheisten und Agnostiker, eine schöne Kampagne gestartet, die unter dem Titel »Posso scegliere da grande?« (Darf ich selbst entscheiden, wenn ich groß bin?) eine »alternative Schulstunde« bewirbt, in der anstelle von Religion ein eher an Ethik, Philosophie und kritischem Denken ausgerichteter Unterricht geboten werden soll. Generell wird auf das Recht der Kinder gepocht, selbst zu entscheiden; ähnlich in der Kampagne »Please don't label me« in Großbritannien. https://bit.ly/2IM05EX (23.5.2020).

32 Mouhanad Khorchide, »Kopftuchdebatte. Und was sagen die betroffenen Kinder dazu?‹, in: *Der Standard*, 8.4.2018, https://bit.ly/2qdIv30 (23.5.2020).

33 Benhabib, *Die Rechte der Anderen*, S. 185 f.

34 Peña-Ruiz, *Qu'est-ce que la laïcité?*, S. 109.

35 Nussbaum, *Die neue religiöse Intoleranz*, S. 110.

36 Ebd., S. 108.

37 Ebd.

38 Ebd., S. 109. Sollte es zu einer Verbreitung der Praxis kommen, Mädchen mit hochhackigen Schuhen in die Grundschule zu schicken – das sei nebenbei festgehalten –, würde es notwendig, über Maßnahmen nachzudenken, das zu unterbinden.

39 1. Korinther 11,3–10, Lutherbibel.

40 Eine umfassende Abhandlung darüber, wie weitverbreitet und übergreifend frauenfeindliche Vorurteile sind, bietet Ercolani, *Contro le donne*.

41 So beispielsweise einige Studentinnen in Frankreich, siehe Göle, *Anverwandlungen*, S. 124–130. Manche haben die Bedeutung des Kopftuchs so weit in ihr Gegenteil verkehrt, dass sie sogar einen »Hijab Day« ausgerufen haben; https://worldhijabday.com (23.5.2020). Zu dessen Widersprüchlichkeiten siehe den weiter unten zitierten Kommentar von Djemila Benhabib, S. 96.

42 Muzzarelli, *A capo coperto*, S. 10 f.

43 Eluana Englaro lag 17 Jahre im Wachkoma. 2008 bestätigte ein Gericht den langjährigen Wunsch des Vaters, die lebensverlängernden Maßnahmen einstellen zu dürfen, um seiner Tochter das Sterben zu ermöglichen. Seitdem ist mit dem Namen Eluana Englaro eine breite öffentliche Debatte rund um die Themen der Sterbehilfe und des Rechts auf Leben und Sterben verbunden. Die künstliche Ernährung Englaros wurde sukzessive eingestellt. Sie starb am 9. Februar 2009. Anmerkung vom Übersetzer.

44 Da die lebensverlängernden Maßnahmen, in erster Linie die künstliche Ernährung Englaros, nach und nach eingestellt werden sollten, um den Tod herbeizuführen, wurden die Wasserflaschen als Zeichen für den wachsenden Durst Englaros deponiert und sollten den (vielfach katholisch motivierten) Protest gegen das Sterbenlassen zum Ausdruck bringen. Anmerkung vom Übersetzer.

45 Cesari, »L'islam francese«, S. 148.

46 Ebd., S. 150, 153.

47 Ebd., Fußnote S. 151.

48 Salih, *Musulmane rivelate*, S. 41 f.

49 Göle, *Anverwandlungen*, S. 112.

50 Beispielhaft sei auf den bayerischen Erlass von Juni 2018 verwiesen, in allen Behördengebäuden ein deutlich sichtbares Kruzifix anzubringen, um die »geschichtliche und kulturelle Prägung« Bayerns zum Ausdruck zu bringen.

Diese Initiative des bayerischen Ministerpräsidenten Markus Söder (CSU) wurde selbst von hohen Kirchenvertretern kritisiert, allen voran Kardinal Marx. »Kreuz-Erlass: Kardinal Marx wirft Söder Spaltung vor«, Spiegel online, 29.4.2018, https://bit.ly/2w4VcTk (23.5.2020).

51 Dadurch prangern sie auch die Unterwürfigkeit westlicher Frauen an, insbesondere die Vertreterinnen politischer Institutionen, die nicht etwa ihre Solidarität mit den Protestierenden zum Ausdruck bringen, sondern sich ohne zu zögern selbst verschleiern, wenn sie Iran besuchen. Siehe den offenen Brief der Kampagne »My Stealthy Freedom« an die niederländische Ministerin Kaag, https://bit.ly/2ycM68s (23.5.2020).

52 »Le pouvoir passe par la visibilité des ›voilées‹«, Brief von Djemila Benhabib an die Studierenden der Pariser Sciences Po, huffingtonpost.fr, https://bit.ly/2Uqv9zX (23.5.2020), dt. Übersetzung https://bit.ly/2WYUkLE (23.5.2020).

53 Rodotà, *Perché laico*, S. 13.

54 Ahadi, »L'islam politico e l'inadeguatezza della sinistra«, S. 16.

55 Salih, *Musulmane rivelate*, S. 23.

56 Die Zahl der Handlungen/Gesten/Verhaltensweisen, die gegen das Prinzip der Geschlechtergleichheit verstoßen und dennoch – zum Glück – nicht verboten sind, ist schier unendlich. Sie sollten jedoch im öffentlichen Diskurs hinterfragt und diskutiert werden. Im Sommer 2017 hat in Italien ein Foto für Furore gesorgt. Darauf waren einige junge Frauen zu sehen, die während einer Veranstaltung auf einer Bühne standen und geöffnete Regenschirme über die Häupter einer Reihe ausnahmslos männlicher Politiker hielten. Siehe Katia Riccardi, »Sulmona, politici sul palco protetti da ragazze ombrello. Polemiche sul convegno«, in: *La Repubblica*, 3.7.2017, https://bit.ly/2KpoItA (23.5.2020). Eine solche Szene gehört verboten, insofern als ein allgemein verbreitetes Empfinden sie als inakzeptabel, undenkbar und abstoßend wahrnehmen und damit obszön machen müsste. Ein solches Empfinden lässt sich freilich nicht mit einer Flut von Dekreten aufbauen.

57 »Eine weitere Regierungs-Intervention, die meiner Meinung nach zu Recht geschah, war das Urteil, dass die Bob-Jones-Universität ihre Steuerbefreiung verlieren sollte, weil sie gemischt-rassische Verbindungen verbot. Hier befand das Oberste Gericht zwar, dass das Verbot Teil der Sektenreligion und somit der Verlust der Steuerbefreiung eine ›substanzielle Belastung‹ für die Ausübung dieser Religion war. Dennoch urteilte es, dass die Gesellschaft ein zwingendes Interesse habe, Rassismus in keiner Form zu unterstützen.« Nussbaum, *Die neue religiöse Intoleranz*, S. 104 f.

58 Benhabib, *Die Rechte der Anderen*, S. 202 f.

4. Die Aporie der Identität

1 Huntington, *Kampf der Kulturen*, S. 193.

2 Remotti, *L'ossessione identitaria*, S. 128.

3 Bauman, *Flüchtige Moderne*, S. 233–236.

4 Auch für das Wort Identität gilt, was Marco d'Eramo über ein weiteres Modewort mit vergleichbarem Schicksal gesagt hat, »Populismus«. »Sich zu fragen, *was ist* ›P‹ [Populismus], impliziert, dass ›P‹ wenn schon nicht ein Ding, dann zumindest eine Entität sei, die über das Verb ›sein‹ prädiziert werden könne. Eine solche Überzeugung basiert ihrerseits auf der Gewissheit, dass die Wörter, die wir verwenden, an sich existierten, dass – um die

scholastische Terminologie zu verwenden – die ›Universale‹ über eine eigene, unabhängige Realität verfügen. Demgegenüber beruht jedoch das gesamte moderne Denken auf der ›nominalistischen‹ Überzeugung, die jedwede Realität für die ›Universale‹ negiert und sie dazu abstellt, schlicht von Denkenden Gedachtes zu sein: Dieser Nominalismus macht es möglich, der Falle des Essenzialismus zu entgehen und die von uns verwendeten Wörter in ihrem Erscheinen, ihren Veränderungen, ihrem Bedeutungswandel und schließlich ihrem Verschwinden zu betrachten.« d'Eramo, »›P‹ come populismo«, S. 131.

5 Remotti, *L'ossessione identitaria*, S. 117.

6 Ebd., S. 42.

7 Ebd., S. 116.

8 Ebd., S. 119.

9 Was hier skizziert wird, ist ein theoretisches Paradigma, keine Beschreibung der Realität. In der komplexen phänomenologischen Wirklichkeit existiert tatsächlich kein vollkommen autonomes Individuum, das sich in absoluter Freiheit dazu entschließt, die eigene Identität zu konstruieren. Vielmehr handelt es sich bei dieser Konstruktion um einen Prozess, der über ein konstantes Aushandeln zwischen einer gegebenen Identität und den eigenen Entscheidungen verläuft. Trotzdem ist es auf theoretischer Ebene nützlich, über ein abstraktes Modell als konzeptuelles Schema mit normativem Wert zu verfügen.

10 Remotti, *L'ossessione identitaria*, S. 112. Diesem Paradigma lassen sich auch sämtliche Versuche zurechnen, eine sagenumwobene »europäische Identität« auszumachen, die als Grundlage für die EU-Verfassung dienen solle. Diese Betrachtungsweise würde aus der Verfassung eine »identitäre Bescheinigung« machen anstelle eines im weitesten Sinne politischen Horizonts. Exemplarisch dazu siehe Ernesto Galli della Loggia, »Alla ricerca dell'identità europea«, in: *MicroMega*, 5/2017, S. 27–34.

11 Lima war ein italienischer Politiker, der nach Aussagen eines ehemaligen Mafioso selbst enge Beziehungen zur Mafia pflegte; Provenzano und Riina waren berüchtigte Bosse der sizilianischen Mafia. Atria war Tochter und Schwester von Mafiosi, die bis zu ihrem Suizid mit der Justiz kollaborierte. Falcone war ein italienischer Jurist, der vehement und erfolgreich gegen die Mafia vorging; er wurde in einem vermutlich von Riina in Auftrag gegebenen Attentat ermordet. Impastato war ein Antimafiaaktivist; auch er wurde von der Mafia ermordet. Anmerkung vom Übersetzer.

12 Zu den Konstruktionsmodalitäten einer Gruppe, der Beziehungsdynamik zwischen einzelnen Gruppen und zwischen Individuen und ihrer jeweiligen Gruppe siehe Tajfel, *Gruppenkonflikt und Vorurteil*.

13 Maalouf, *Mörderische Identitäten*, S. 7 f.

14 Locke, »Über Identität und Verschiedenheit«.

15 Maalouf, *Mörderische Identitäten*, S. 9.

16 Ebd., S. 22.

17 Rodotà, *Il diritto di avere diritti*, S. 304 f.

18 In der Thermodynamik bezeichnet eine dissipative Struktur ein System, das erst durch den Energieaustausch mit der Außenwelt stabilisiert wird.

19 Maalouf, *Mörderische Identitäten*, S. 25.

20 Ebd., S. 27.

21 Ebd., S. 17.

22 Langer, *Zehn Punkte für ein Zusammenleben zwischen Volksgruppen, Konfessionen, Ethnien*.

23 Es ist vielleicht an dieser Stelle angebracht festzuhalten, dass der Transgenderismus keine sexuelle Orientierung ist und an sich nichts mit Homosexualität zu tun hat.

24 Maalouf, *Mörderische Identitäten*, S. 132.

25 Taylor, »Die Politik der Anerkennung«, S. 14.

26 Ali, »L'errore della sinistra di fronte all'estremismo islamico«.

5. Individuum versus Gemeinschaft. Multikulturalismuskritik aus kosmopolitischer Perspektive

1 Abdel-Samad, *Integration*.

2 Die Begriffe »Kommunitarismus« und »Multikulturalismus« verweisen auf ein ganzes Spektrum von Autoren, die teilweise sehr unterschiedliche Positionen vertreten. Diese Ausführungen beziehen sich hauptsächlich auf Taylors multikulturalistischen Kommunitarismus und Will Kymlickas liberalen Multikulturalismus. Wenngleich dieser sich in der Entfaltung seiner Position eigentlich vom Kommunitarismus abgrenzen möchte, wird im Folgenden versucht nachzuweisen, dass beide Positionen im Wesentlichen zusammenfallen. Aus diesem Grund werden beide Begriffe hier weitgehend synonym verwendet.

3 Bürger aus Commonwealth-Staaten haben beispielsweise in Großbritannien volles Wahlrecht, obwohl sie keine UK-Bürger sind. Unter diesem Aspekt handelt es sich daher um besonders »privilegierte« Immigranten.

4 Manea, *Women and Shari'a Law*, S. 20.

5 Malik, *Das Unbehagen in den Kulturen*, S. 85, 68.

6 Ebd., S. 86 f.

7 Sen, »Chili and Liberty«.

8 Malik, *Das Unbehagen in den Kulturen*, S. 78.

9 Sen, »Chili and Liberty«.

10 Roy, *La laïcité face à l'islam*, S. 15 f.

11 Ebd., S. 144.

12 Sen, »Chili and Liberty«.

13 Taylor, »Die Politik der Anerkennung«, S. 55.

14 Benhabib, *Kulturelle Vielfalt und demokratische Gleichheit*, S. 69.

15 Die Textstelle, in der Nussbaum Kritik an der Religion der anderen als »üble Nachrede und ungehörig« definiert hat, wurde bereits zitiert, siehe S. 50 f.

16 Maalouf, *Mörderische Identitäten*, S. 96.

17 Maani, *Respektverweigerung*.

18 Maalouf, *Mörderische Identitäten*, S. 96 f.

19 Peña-Ruiz, *Qu'est-ce que la laïcité?*, S. 81.

20 Harris und Nawaz, *Islam and the future of tolerance*, S. 49.

21 »Der Sabbat ist um des Menschen willen geschaffen, nicht der Mensch um des Sabbats willen.« Markus, 2,27, Zürcher Bibel.

22 Jullien, *Es gibt keine kulturelle Identät*.

23 Malik, *Das Unbehagen in den Kulturen*, S. 95.

24 Kymlicka, *Multicultural Citizenship*, S. 5.

25 Ebd., S. 7.

26 Ebd., S. 42.

27 Ebd., S. 43.

28 Ebd., S. 76.

29 Ebd.

30 Mit dem Begriff »Gentrifizierung« (abgeleitet von engl. *gentry*, Bezeichnung für die gehobene Mittelschicht) wird ein Aufwertungs- und Erneuerungs-vorgang von – häufig zentral gelegenen – Stadtteilen oder -gebieten bezeichnet, der mit steigenden Miet- und Immobilienpreisen einhergeht und die ursprünglichen Bewohner aus niedrigeren sozialen Schichten de facto zwingt, in andere Gegenden umzuziehen.

31 Das Urteil wird zitiert in Kymlicka, *Multicultural Citizenship*, S. 161, und ist verfügbar unter https://bit.ly/2zocyCf (23.5.2020).

32 Kymlicka, *Multicultural Citizenship*, S. 152.

33 Taylor, »Die Politik der Anerkennung«, S. 56-58.

34 Die Amish, auf Deutsch Amischen, sind eine protestantische Glaubens-gemeinschaft, die vornehmlich in den Vereinigten Staaten angesiedelt ist. Sie führen ein sehr einfaches Leben, das ohne Elektrizität und Automobile auskommt und in dem der Kontakt zu Nichtangehörigen ihrer Gemein-schaft auf das Nötigste beschränkt wird. Ihre Familien sind meist groß und sie leben nach einem strengen Verhaltenskodex.

35 Das Urteil wird zitiert in Kymlicka, *Multicultural Citizenship*, S. 162, und ist verfügbar unter https://bit.ly/2tVhzGl (23.5.2020).

36 Henry David Thoreau (1817–1862) war ein US-amerikanischer Philosoph, Schriftsteller und Dichter. Aus Protest gegen das politische und wirtschaft-liche System und als Ausdruck des Wunsches, stärker im Einklang mit der Natur zu leben, ließ er sich 1854 in einer kleinen selbst gebauten Hütte in der Nähe des Walden Pond, eines Sees bei Concord, Massachusetts, nieder, wo er auch das Buch *Walden oder Leben in den Wäldern* schrieb.

37 »Die erstlich nach Principien der Freiheit der Glieder einer Gesellschaft (als Menschen), zweitens nach Grundsätzen der Abhängigkeit aller von einer einzigen gemeinsamen Gesetzgebung (als Unterthanen) und drittens die nach dem Gesetz der Gleichheit derselben (als Staatsbürger) gestiftete Verfassung – die einzige, welche aus der Idee des ursprünglichen Vertrags hervorgeht, auf der alle rechtliche Gesetzgebung eines Volks gegründet sein muß – ist die republikanische.« Kant, *Zum ewigen Frieden*, S. 349 f.

38 »Denn indem wir das Konzept der Gruppenrechte propagieren, rechtferti-gen wir gleichzeitig Menschenrechtsverstöße innerhalb von Minderheiten-gruppen als Ausdruck abweichender kultureller Rechts- und Gerechtig-keitskonzepte.« Manea, *Women and Shari'a Law*, S. 17.

39 Peña-Ruiz, *Qu'est-ce que la laïcité?*, S. 107.

40 Oberster Kassationsgerichtshof. Das Urteil ist auf Italienisch verfügbar unter https://bit.ly/2IFxNc1 (23.5.2020).

41 Verfassung der Italienischen Republik, italienisch-deutsch, auf der Website der Autonomen Region Trentino-Südtirol, www.regione.taa.it/normativa/costituzione.pdf (23.5.2020).

42 »Konvention zum Schutze der Menschenrechte und Grundfreiheiten in der Fassung der Protokolle Nr. 11 und 14«, Rom, 4.11.1950, auf der Website des Europarats, https://bit.ly/2yz8Ujy (23.5.2020).

43 Zitiert in »Deutsches Gericht fällt mildes Urteil. Proteste in Italien«, in: *Die Welt*, 13.10.2007, https://bit.ly/2LiKqO9 (23.5.2020).

44 Kymlicka, *Multicultural Citizenship*, S. 168, Hervorhebung von der Autorin.

45 Ebd., S. 47.

46 Ebd., S. 96 f.

47 Nussbaum, *Die neue religiöse Intoleranz*, S. 69.

48 Ebd.

49 Ebd., S. 81.

50 Ebd., S. 93.

51 Roy, *La laïcité face à l'islam*, S. 130.

52 Ebd., S. 140.

53 Ebd., S. 137.

54 Modood, *Multiculturalism*, S. 56.

55 Der Eingriff der Regierung Alexis Tsipras folgte auf Forderung der Europäischen Union, nachdem eine Frau sich an den Europäischen Gerichtshof der Menschenrechte gewandt hatte. Gemäß islamischem Recht, dem sie unterworfen war, hatte sie keinerlei Anspruch auf das Erbe ihres verstorbenen Mannes und forderte darum, dass griechisches Recht vollstreckt werde. Siehe Helena Smith, »Greece's Muslim minority hails change to limit power of sharia law«, in: *The Guardian*, 11. Januar 2018, https://bit.ly/2qREF20 (23.5.2020).

56 Die Berichte im englischen Original sind auf der Website von One Law for All verfügbar, https://bit.ly/2NexcBJ (23.5.2020).

57 »The Independent Review into the Application of Sharia Law in England and Wales«, dem Parlament vorgelegt vom Secretary of State for the Home Department auf Befehl ihrer Majestät, Februar 2018, https://bit.ly/2K7jsqa (23.5.2020). Der Bericht wurde von einem Expertengremium unter der Leitung von Mona Siddiqui, Professorin für islamische und interreligiöse Studien an der Universität Edinburgh, erstellt.

58 Ebd. S. 4. Tatsächlich gibt es auch ein gänzlich legales islamisches Tribunal in Großbritannien, das Muslim Arbitration Tribunal (MAT), das eigentlich nur in Handelsbelangen entscheiden und innerhalb des englischen Rechts arbeiten sollte, aber allem Anschein nach gelegentlich auch in familienrechtlichen Dingen aktiv wird. Ebd., S. 11.

59 Ebd., S. 13.

60 Beispielsweise seitens der bereits zitierten Organisation One Law for All; siehe https://bit.ly/2tTBg1h (23.5.2020).

61 »The Independent Review into the Application of Sharia Law in England and Wales«, S. 5.

62 Ebd., S. 21.

63 Benhabib, *Die Rechte der Anderen*, S. 180.

64 Dies., *Kulturelle Vielfalt und demokratische Gleichheit*, S. 53.

65 Habermas, »Anerkennungskämpfe im demokratischen Rechtsstaat«, S. 172.

66 Vielleicht sollte präzisiert werden, dass damit nicht die Vorstellung eines Weltstaates einhergeht. Mit dem Kosmopolitismus ist eine ethisch-politische Betrachtungsweise gemeint, die vorschreibt, Individuen als Empfänger eines einheitlichen moralischen Respekts und eines gleichberechtigten rechtlichen Schutzes zu behandeln, als autonome moralische Subjekte von intrinsischem Wert.

67 Rodotà, *Il diritto di avere diritti*, S. 10.

68 Benhabib, *Die Rechte der Anderen*, S. 204.

69 Arendt, »Es gibt nur ein einziges Menschenrecht«, S. 764. Vgl. »Dass wir gleich geboren werden, heißt politisch nur, dass wir – bei aller Verschiedenheit der Anlagen – von Natur mit gleicher Stärke ausgestattet sind.« Dies., *Elemente und Ursprünge totaler Herrschaft*, S. 972. Benhabib kommentiert diese Stelle: »Heute würde man sagen, Arendt plädiere gegen einen ›ethnisch‹ bedingten und für einen ›zivilen‹ Begriff von Staat und Staatsangehörigkeit.« Dies., *Die Rechte der Anderen*, S. 66. Siehe Arendts Kritik am »Nationalismus in seiner neuen deutschen Version«: »Diesem zufolge ist die Nation ein unvergänglicher Organismus, das Produkt einer unvermeidlichen natürlichen Entfaltung angeborener Qualitäten; die Völker werden nicht als politische Organisationen, sondern als übermenschliche Persön-

lichkeiten betrachtet. In diesem Sinne wird die europäische Geschichte zerlegt in die Geschichten von unzusammenhängenden Organismen, und die große französische Idee der Volkssouveränität wird pervertiert zu nationalistischen Ansprüchen auf autarke Existenz.« Dies., »Der Zionismus aus heutiger Sicht«, S.159. Siehe auch Rodotà, für den das »Recht auf Rechte«, weit davon entfernt, Ausdruck der »westlichen Vernunft« zu sein, seine Wurzeln in der »menschlichen Grundverfassung« hat, »die jedoch eine historische Grundverfassung ist, keine natürliche Wesenhaftigkeit, aus der die Essenz der Rechte bezogen werden kann«. Ders., *Il diritto di avere diritti*, S.5.

70   Cesari, »L'islam francese«, S.153.
71   Benhabib, *Die Rechte der Anderen*, S.122.
72   Nussbaum, *Die neue religiöse Intoleranz*, S.25.

Als Schluss.
Für ein Projekt universaler Emanzipation

1   United Nations, General Assembly, Human Rights Council, *Report of the Special Rapporteur in the field of cultural rights*, § 31, S. 8.
2   Diese Formulierung geht auf Mondher Kilani zurück, der jedoch selbst dem Phänomen auf den Leim geht, das er anprangert. Siehe ders., »Islam e modernità«.
3   Tajfel, *Gruppenkonflikt und Vorurteil*. Unreflektiert dieses Stereotyp anzunehmen, würde außerdem den »Anderen« die Subjektivität abstreiten. Es zeigt sich, »dass sich hinter einer Denkweise – besonders ausgeprägt bei der Linken –, die nach der Rolle des Westens bei diesen Ereignissen fragt, eine gewisse Arroganz verbergen kann, weil sie behauptet, der Westen trage die alleinige Verantwortung. Die muslimischen Öffentlichkeiten wiederum entledigen sich ihrer Verantwortung, indem sie sich auf ihre Identität als Beherrschte und Opfer berufen.« Göle, *Anverwandlungen*, S. 96 f.
4   Salih, *Musulmane rivelate*, S. 81.
5   Ebd., S. 85.
6   Göle, *Anverwandlungen*, S. 117.
7   Manea, *Women and Shari'a Law*, S. 26 f. Das diesen Zusammenhang beleuchtende Werk Roland Burkes ist *Decolonization and the Evolution of International Human Rights*, Philadelphia: University of Pennsylvania Press, 2010.
8   Salih, *Musulmane rivelate*, S. 9.
9   Jabbar, »La complessità negata«, S.137, Hervorhebung von der Autorin.
10   Der Papst hat dieses Thema verschiedentlich angesprochen; siehe beispielsweise den Beitrag »Colonizzazioni ideologiche impongono sistemi educativi ai giovani« auf der Website *Vatican News*, https://bit.ly/2lLD6Oj (23.5.2020).
11   Unter https://bit.ly/2tKhIxi (23.5.2020); die Stellungnahme der Bischöfe Afrikas und Madagaskars in voller Länge unter https://bit.ly/2APAn13 (23.5.2020).
12   Ebd., beide Quellen.
13   Ali, »L'errore della sinistra di fronte all'estremismo islamico«, S.150.

Bibliografie

Abdel-Samad, Hamed, *Der islamische Faschismus. Eine Analyse*, München: Droemer, 2014.

Abdel-Samad, Hamed und Mouhanad Khorchide, *Ist der Islam noch zu retten? Eine Streitschrift in 95 Thesen*, München: Droemer, 2017.

Abdel-Samad, Hamed, *Integration. Ein Protokoll des Scheiterns*, München: Droemer, 2018.

Ahadi, Mina, »L'islam politico e l'inadeguatezza della sinistra«, hg. von Cinzia Sciuto, in: *MicroMega*, 8/2016, S. 14–25.

Ahmad, Rana, *Frauen dürfen hier nicht träumen. Mein Ausbruch aus Saudi-Arabien, mein Weg in die Freiheit*, München: btb, 2018.

Ali, Umer, »L'errore della sinistra di fronte all'estremismo islamico«, übersetzt von Anna Tagliavini, in: *MicroMega*, 4/2016, S. 146–156.

Anderson, Benedict, *Die Erfindung der Nation. Zur Karriere eines folgenreichen Konzepts* [1983], aus dem Englischen von Benedikt Burkardt, C. Münz, Frankfurt am Main, New York: Campus, 2005.

Appadurai, Arjun, *Modernity at Large. Cultural Dimensions of Globalization*, Minneapolis MN: University of Minnesota Press, 1996.

Arendt, Hannah, »Der Zionismus aus heutiger Sicht« [1945], in: dies., *Die verborgene Tradition. Acht Essays*, Frankfurt am Main: Suhrkamp, 1976, S. 127–168.

Arendt, Hannah, »Es gibt nur ein einziges Menschenrecht«, in: dies., *Die Wandlung*, 4. Jg., Herbstheft, Dezember 1949, S. 754–770.

Arendt, Hannah, *Elemente und Ursprünge totaler Herrschaft. Antisemitismus, Imperialismus, Totalitarismus* [1955], München: Piper, 2003.

Arendt, Hannah, *Per un'etica della responsabilità. Lezioni di teoria politica* [1955], ins Italienische übersetzt von Pierluigi Toni und Dario Gentili, hg. von Maria Teresa Pansera, Mailand: Mimesis, 2017; italienische Fassung der Vorlesungsmanuskripte aus dem Nachlass: *History of Political Theory*, University of California, 1955, Manuscript Division, Library of Congress, Washington.

Arendt, Hannah, *Vita activa oder Vom tätigen Leben* [1958], hg. von Thomas Meyer, München: Piper, 2020.

Arkoun, Mohammed, »L'islam, fra tradizione e globalizzazione«, in: Rivera (Hg.), *L'inquietudine dell'islam*.

Ateş, Seyran, *Große Reise Ins Feuer. Die Geschichte einer deutschen Türkin*, Reinbek: Rowohlt, 2003.

Ateş, Seyran, *Der Multikulti-Irrtum. Wie wir in Deutschland besser zusammenleben können*, Berlin: Ullstein, 2007.

Auclert, Hubertine, *Les femmes arabes en Algérie* [1900], Paris: Harmattan, 2010.

Bauman, Zygmunt, *Flüchtige Moderne* [2000], Frankfurt am Main: Suhrkamp 2003.

Bauman, Zygmunt, *Identity. Conversations with Benedetto Vecchi*, Cambridge: Polity Press, 2004.

Beck, Ulrich, *La società cosmopolita. Prospettive dell'epoca postnazionale*, aus dem Deutschen übersetzt von Carlo Sandrelli, Bologna: il Mulino, 2003.

Beck, Ulrich, *Der kosmopolitische Blick oder: Krieg ist Frieden*, Frankfurt am Main: Suhrkamp, 2004.

Benhabib, Seyla, *Kulturelle Vielfalt und demokratische Gleichheit. Politische Partizipation im Zeitalter der Globalisierung*, Frankfurt am Main: Fischer, 1999.

Benhabib, Seyla, *Die Rechte der Anderen. Ausländer, Migranten, Bürger*, Frankfurt am Main: Suhrkamp, 2008.

Benhabib, Seyla, »Demokratische Iterationen. Das Lokale, das Nationale, das Globale«, in: dies. *Kosmopolitismus und Demokratie. Eine Debatte*, hg. und eingeleitet von Robert Post, Frankfurt am Main, New York: Campus, 2008, S. 43–71.

Benhabib, Seyla, *Kosmopolitismus und Demokratie. Eine Debatte*, hg. und eingeleitet von Robert Post, Frankfurt am Main, New York: Campus, 2008.

Berloffa, Danila, »Massacrare nel nome del Budda«, in: *MicroMega*, 8/2016, S. 127–137.

Caferri, Francesca, *Oltre il velo. Le nuove italiane*, Mailand: Mondadori, 2013.

Campanini, Massimo, *L'islam, religione dell'Occidente*, Mailand: Mimesis, 2016.

Carré, Olivier, *L'islam laïque ou le retour à la Grande tradition*, Paris: Armand Colin, 1993.

Casanova, José, *Public Religions in the Modern World*, Chicago: University of Chicago Press, 1994.

Cesari, Jocelyne, »L'islam francese. Una minoranza religiosa in costruzione«, in: Rivera (Hg.), *L'inquietudine dell'islam*.

Çileli, Serap, *Wir sind eure Töchter, nicht eure Ehre*, Michelstadt: Neuthor, 2002.

Condorcet, Jean Antoine Nicolas, *Cinq mémoires sur l'instruction publique* [1792], Paris, Flammarion, 1994.

Dalai Lama und Franz Alt (Hg.), *Der Appell des Dalai Lama an die Welt. Ethik ist wichtiger als Religion*, Wals bei Salzburg: Benevento, 2015.

Dreier, Horst, *Staat ohne Gott. Religion in der säkularen Moderne*, München: C.H.Beck, 2018.

Durkheim, Emile, *Erziehung, Moral und Gesellschaft. Vorlesung an der Sorbonne 1902/1903*, aus dem Französischen von Ludwig Schmidts, mit einer Einleitung von Paul Fauconnet, Frankfurt am Main: Suhrkamp, 1984.

El Houssi, Leila, und Lucia Sorbera (Hg.), »Femminismi nel Mediterraneo«, *Genesis*, XII/1, 2013.

Engels, Friedrich, *Ursprung der Familie, des Privateigentums und des Staates. Im Anschluss an Lewis H. Morgans Forschungen*, 4. Auflage, Stuttgart 1892, *Karl Marx Friedrich Engels Gesamtausgabe (MEGA)*, Erste Abteilung, Bd. 29, hg. vom Institut für Geschichte der Arbeiterbewegung Berlin und vom Institut für Marxismus-Leninismus beim Zentralkomitee der Kommunistischen Partei der Sowjetunion, Berlin: Dietz Verlag, 1990.

Ercolani, Paolo, *Contro le donne. Storia e critica del più antico pregiudizio*, Venedig: Marsilio, 2016.

Eramo, Marco d', »La ferocia e l'estasi. Fondamentalismi Usa«, in: *MicroMega*, 8/2016, S. 90–107.

Eramo, Marco d', »›P‹ come populismo«, in: *MicroMega*, 5/2017, S. 126–135.

Filali-Ansary Abdon, *L'Islam est-il hostile à la laïcité?*, Casablanca: Le Fennec, 1997.

Flores d'Arcais, Paolo, *Etica senza fede*, Turin: Einaudi, 1992.

Flores d'Arcais, Paolo, *La guerra del Sacro*, Mailand: Raffaello Cortina, 2016.

Fraser, Nancy, und Axel Honneth, *Umverteilung oder Anerkennung? Eine politisch-philosophische Kontroverse*, Übersetzungen aus dem Englischen von Burkhardt Wolf, Frankfurt am Main: Suhrkamp, 2003.

Galeano, Eduardo, *Das Buch der Umarmungen*, Wuppertal: Peter Hammer, 1991 – Motto Kap. 4 S. 117.

Gauchet, Marcel, *Le désenchantement du monde. Une histoire politique de la religion*, Paris: Gallimard, 1985.

Gauchet, Marcel, *La réligion dans la démocratie*, Paris: Gallimard, 1998.

Gauchet, Marcel, *La religione nella democrazia*, ins Italienische von Davide Fontini, Bari: Dedalo, 2009.

Gauchet, Marcel, *Un monde désenchanté?*, Paris: Éditions de l'Atelier, 2004.

Gauchet, Marcel, »Les ressorts du fondamentalisme islamique«, in: *Le Débat*, 3/2015, Nr. 185, S. 63–81, DOI 10.3917/deba.185.0063.

Geertz, Clifford, *Interpretation of culture. Selected Essays*, New York: Basic Books, 1973.

Geertz, Clifford, *Dichte Beschreibung. Beiträge zum Verstehen kultureller Systeme* [1973], übersetzt von Brigitte Luchesi und Rolf Bindemann, Frankfurt am Main: Suhrkamp, 2003.

Göle, Nilüfer, *Anverwandlungen. Der Islam in Europa zwischen Kopftuchverbot und Extremismus* [2005], aus dem Französischen von Ursel Schäfer, Berlin: Wagenbach, 2008.

Gramsci, Antonio, *Gefängnishefte* [1932–1935], Kritische Gesamtausgabe, Bd. 8, Heft 16–21, hg. von Klaus Bochmann, Wolfgang Fritz Haug und Peter Jehle, Hamburg, Berlin: Argument, 1998.

Guolo, Renzo, *Il partito di Dio. L'islam radicale contro l'Occidente*, Mailand: Guerini e Associati, 2004.

Guolo, Renzo, *L'islam è compatibile con la democrazia?* [2004], Rom, Bari: Laterza, 2007.

Guolo, Renzo, *L'ultima utopia. Gli jihadisti d'Europa*, Mailand: Guerini e Associati, 2015.

Guolo, Renzo, *Sociologia dell'islam. Religione e politica*, Mailand: Mondadori, 2016.

Habermas, Jürgen, »Anerkennungskämpfe im demokratischen Rechtsstaat«, in: Taylor, *Multikulturalismus und die Politik der Anerkennung*, S. 147–196.

Habermas, Jürgen, *Die Einbeziehung des Anderen*, Frankfurt am Main: Suhrkamp, 1996.

Habermas, Jürgen, *Solidarietà fra estranei. Interventi su ›Fatti e norme‹* [1996], hg., mit einem Vorwort versehen und übersetzt von Leonardo Ceppa, Mailand: Guerini e Associati, 1997.

Harris, Sam, und Maajid Nawaz, *Islam and the future of tolerance. A dialogue*, Cambridge MA: Harvard University Press, 2015.

Heinen, Jacqueline, und Stéphane Portet, »Religion, Politics and Gender Equality in Poland«, UNRISD, Heinrich Böll-Stiftung, 2009, https://bit.ly/3adDz2S.

Helie Lucas, Marieme, »Islam politico e multiculturalismo. Come finisce la democrazia«, ins Italienische übersetzt von Anna Tagliavini, in: *MicroMega*, 8/2016, S. 5–13.

Hirsi Ali, Ayaan, *Ich klage an. Plädoyer für die Befreiung der muslimischen Frauen*, übersetzt von Anna Berger und Jonathan Krämer, München: Piper, 2005.

Hirsi Ali, Ayaan, *Mein Leben, meine Freiheit. Die Autobiographie*, übersetzt von Heike Schlatterer und Anne Emmert, München: Piper, 2006.

Hirsi Ali, Ayaan, *Reformiert euch! Warum der Islam sich ändern muss*, aus dem Englischen von Michael Bayer, Enrico Heinemann und Eva-Maria Schnitzler, München, Knaus, 2015.

Huntington, Samuel P., *Kampf der Kulturen. Die Neugestaltung der Weltpolitik im 21. Jahrhundert*, München: Europa, 1997.

Jabbar, Adel, »La complessità negata«, in: Rivera (Hg.), *L'inquietudine dell'islam*, S. 115–144.

Jullien, François, *Es gibt keine kulturelle Identität. Wir verteidigen die Ressourcen einer Kultur*, aus dem Französischen von Erwin Landrichter, Berlin: Suhrkamp, 2017.

Kaddor, Lamya (Hg.), *Muslimisch und liberal! Was einen zeitgemäßen Islam ausmacht*, München: Piper, 2020.

Kant, Immanuel, *Kritik der reinen Vernunft* [²1778], Bonner Kant-Korpus, https://korpora.zim.uni-duisburg-essen.de/kant/aa04/433.html, (23.5.2020)

Kant, Immanuel, *Beantwortung der Frage: Was ist Aufklärung?* [1784], Bonner Kant-Korpus, https://korpora.zim.uni-duisburg-essen.de/kant/aa08/033. html.

Kant, Immanuel, *Grundlegung zur Metaphysik der Sitten* [1785], Bonner Kant-Korpus, https://korpora.zim.uni-duisburg-essen.de/Kant/aa04/385.html.

Kant, Immanuel, *Zum ewigen Frieden* [1795], Bonner Kant-Korpus, https://korpora.zim.uni-duisburg-essen.de/kant/aa08/341.html.

Kant, Immanuel, *Die Metaphysik der Sitten. Erster Theil: Metaphysische Anfangsgründe der Rechtslehre* [1797], Bonner Kant-Korpus, https://korpora.zim.uni-duisburg-essen.de/kant/aa06/203.html.

Karami, Leila, und Biancamaria Scarcia Amoretti (Hg.), *Il protagonismo delle donne in terra d'islam, appunti per una lettura storicopolitica*, Rom: Ediesse, 2015.

Kelek, Necla, *Die Fremde Braut. Ein Bericht aus dem Inneren des türkischen Lebens in Deutschland*, München: Goldmann, 2005.

Kelek, Necla, *Die verlorenen Söhne. Plädoyer für die Befreiung des türkisch-muslimischen Mannes*, Köln: Kiepenheuer und Witsch, 2006.

Kelsen, Hans, *Reine Rechtslehre* [1934], *Einleitung in die rechtswissenschaftliche Problematik*, hg. von Matthias Jestaedt, Studienausgabe der 1. Auflage 1934, Tübingen: Mohr Siebeck, 2008.

Kelsen, Hans, *Reine Rechtslehre* [1960], *Mit einem Anhang: Das Problem der Gerechtigkeit*, hg. von Matthias Jestaedt, Studienausgabe der 2. Auflage 1960, Tübingen: Mohr Siebeck, 2017.

Kepel, Gilles, *Die Rache Gottes. Radikale Moslems, Christen und Juden auf dem Vormarsch*, München: Piper, 1991.

Kepel, Gilles, *Das Schwarzbuch des Jihad. Aufstieg und Niedergang des Islamismus* [2000], München: Piper, 2004.

Khorchide, Mouhanad, *Gott glaubt an den Menschen. Mit dem Islam zu einem neuen Humanismus*, Freiburg im Breisgau: Herder, 2017.

Khorchide, Mouhanad, *Gottes falsche Anwälte. Der Verrat am Islam*, Freiburg im Breisgau: Herder, 2020.

Khosrokhavar, Farhad, »L'islam dei giovani in Francia«, in: Rivera (Hg.), *L'inquietudine dell'islam*, S. 163–186.

Kilani, Mondher, »Islam e modernità. Alcune proposte di lettura«, in: Rivera (Hg.), *L'inquietudine dell'islam*, S. 37–66.

Kováts, Eszter, und Maari Põim (Hg.), *Gender as symbolic glue. The position and role of conservative and far right parties in the antigender mobilizations in Europe*, FEPS (Foundation for European Progressive Studies), Budapest 2015. https://library.fes.de/pdf-files/bueros/budapest/11382.pdf.

Kymlicka, Will, »Two models of pluralism and tolerance«, in: *Analyse und Kritik*, 14/1992, Heft 1, S. 33–56, DOI: 10.1515/auk-1992-0103.

Kymlicka, Will, »Reply to Modood«, in: *Analyse und Kritik*, 15/1993, Heft 1, S. 92–96, DOI: 10.1515/auk-1993-0108.

Kymlicka, Will, *Multicultural Citizenship*, Oxford: Oxford University Press, 1995.

La Boétie, Étienne de, *Discours de la servitude volontaire* [1576], dt. *Von der freiwilligen Knechtschaft*, Frankfurt am Main: Trotzdem, 2009

Langer, Alexander, *Zehn Punkte für ein Zusammenleben zwischen Volksgruppen, Konfessionen, Ethnien*, 1. November 1994, www.alexanderlanger.org/de/172/126.

Locke, John, *Ein Brief über Toleranz* [1685], hg. von Julius Ebbinghaus, Hamburg: Meiner, 1996.

Locke, John, »Über Identität und Verschiedenheit«, in: ders., *Versuch über den menschlichen Verstand* [1690], zweites Buch, Kap. XXVII, Hamburg: Meiner, 2000, S. 410–437.

Maalouf, Amin, *Mörderische Identitäten*, Frankfurt am Main: Suhrkamp, 2000.

Maani, Sama, *Respektverweigerung. Warum wir fremde Kulturen nicht respektieren sollten. Und die eigene auch nicht*, Klagenfurt, Wien: Drava, 2015.

MacKinnon, Catherine A., *Are Women Human? And Other International Dialogues*, Cambridge MA: Harvard University Press, 2007.

Malik, Kenan, *Das Unbehagen in den Kulturen. Eine Kritik des Multikulturalismus und seiner Gegner*, aus dem Englischen von Niels-Arne Münch, Bonn: Bundeszentrale für politische Bildung, 2018.

Manea, Elham, *Women and Shari'a Law. The Impact of Legal Pluralism in the UK*, London, New York: J. B. Taurus, 2016.

Manji, Irshad, *Der Aufbruch. Plädoyer für einen aufgeklärten Islam*, aus dem Englischen von Susanne Aeckerle, Frankfurt am Main: Eichborn, 2003.

Mansour, Ahmad, *Generation Allah. Warum wir im Kampf gegen religiösen Extremismus umdenken müssen*, Frankfurt am Main: S. Fischer, 2017.

Mansour, Ahmad, *Klartext zur Integration. Gegen falsche Toleranz und Panikmache*, Frankfurt am Main: S. Fischer, 2018.

Massari, Monica, »Musulmane e moderne. Spunti di riflessione su donne, islam e costruzioni sociali della modernità«, in: *Rassegna Italiana di Sociologia*, 55/2014, S. 553–574, DOI: 10.1423/78207.

Mernissi, Fatima, *Der politische Harem. Mohammed und die Frauen*, aus dem Französischen von Veronika Kabis-Alamba, Freiburg im Breisgau, Basel, Wien: Herder, 1992.

Mernissi, Fatima, *Islam und Demokratie. Die Angst vor der Moderne*, aus dem Französischen von Einar Schlereth, Freiburg im Breisgau: Herder, 2002.

Modood, Tariq, »Kymlicka on British muslims«, in: *Analyse und Kritik*, 15/1993, Heft 1, S. 87–91, DOI: 10.1515/auk-1993-0107.

Modood, Tariq, »Kymlicka on British muslims. A Rejoinder«, in: *Analyse und Kritik*, 15/1993, Heft 1, S. 97–99. DOI: 10.1515/auk-1993-0109.

Modood, Tariq, *Multiculturalism. A Civic Idea*, 2. Auflage, Cambridge: Polity Press, 2013.

Muzzarelli, Maria Giuseppina, *A capo coperto*, Bologna: il Mulino, 2016.

Namazie, Maryam, und Tariq Ramadan, »La libertà di espressione e il ricatto dell'islamofobia«, übersetzt von Valentina Chiesa, in: *MicroMega*, 5/2016, S. 15–40.

Namazie, Maryam, und Tariq Ramadan, »La sharia nel Regno Unito«, übersetzt von Anna Tagliavini, in: *MicroMega*, 8/2016, S. 26–34.

Nussbaum, Martha Craven, *Cultivating Humanity. A Classical Defense of Reform in Liberal Education*, Cambridge MA: Harvard University Press, 1997.

Nussbaum, Martha Craven, *Liberty of Conscience. In Defense of America's Tradition of Religious Equality*, New York: Basic Books Publisher, 2008.

Nussbaum, Martha Craven, *Die neue religiöse Intoleranz. Ein Weg aus der Politik der Angst*, aus dem Englischen von Nikolaus de Palézieux, München: Wissenschaftliche Buchgesellschaft, 2014.

One Law for All, »Davanti al tribunale di Allah«, übersetzt von Valentina Chiesa und Elisa Piras, in: *MicroMega*, 8/2016, S. 35–68.

Patsy l'Amour LaLove (Hg.), *Beißreflexe. Kritik an queerem Aktivismus, autoritären Sehnsüchten, Sprechverboten*, Berlin: Querverlag, 2017.

Peña-Ruiz, Henri, *Dieu et Marianne. Philosophie de la laïcité*, Paris: Presses universitaires de France, 1999.

Dies., *Qu'est-ce que la laïcité?*, Paris: Gallimard, 2003.

Picariello, Emidio, *Geova non vuole che mi sposi*, Rom: Editori Riuniti, 2011.

Popper, Karl, *Die offene Gesellschaft und ihre Feinde*, Bd. 1: *Der Zauber Platons* [1945], 7., überarbeitete Auflage, Tübingen: Mohr Siebeck, 1992 – Motto Kap. 2, S. 6.

Popper, Karl, *Das Elend des Historizismus*, Gesammelte Werke in deutscher Sprache, Bd. 4, hg. von Hubert Kiesewetter, 7., durchgesehene und ergänzte Auflage, Tübingen: Mohr Siebeck. 2003.

Provera, Emanuela, *Dentro l'Opus Dei. Come funziona la milizia di Dio*, Mailand: Chiarelettere, 2009.

Ramadan, Tariq, *Islam e libertà*, übersetzt von C. Testi, Turin: Einaudi, 2008; englische Originalfassung der italienischen Erstveröffentlichung: *What I believe*, Oxford, New York: Oxford University Press, 2010.

Rawls, John, *Das Recht der Völker* [1993], übersetzt von Wilfried Hinsch, Berlin: De Gruyter, 2002, DOI: 10.1515/9783110898538.

Remotti, Francesco, *L'ossessione identitaria*, Rom, Bari: Laterza, 2017.

Rivera, Annamaria, »Islam e Occidente. Un tragico gioco di specchi«, in: dies. (Hg.), *L'inquietudine dell'islam*, S. 9–35.

Rivera, Annamaria (Hg.), *L'inquietudine dell'islam. Fra tradizione, modernità e globalizzazione*, Bari: Dedalo, 2002.

Rodotà, Stefano, *La vita e le regole. Tra diritto e non diritto*, Mailand: Feltrinelli, 2009.

Rodotà, Stefano, *Perché laico*, Rom, Bari: Laterza, 2009.

Rodotà, Stefano, *Il diritto di avere diritti*, Rom, Bari: Laterza, 2015.

Rodotà, Stefano, *Vivere la democrazia*, Rom, Bari: Laterza, 2018.

Rossi, Ernesto, Altiero Spinelli und Eugenio Colorni, *Manifest von Ventotene*, deutsche Fassung: www.altierospinelli.org/manifesto/de/manifesto-1944de_it.html.

Roy, Olivier, *La laïcité face à l'islam*, Paris: Stock, 2005.

Roy, Olivier, *Heilige Einfalt. Über die politischen Gefahren entwurzelter Religionen* [2008], aus dem Französischen von Ursel Schäfer, München: Siedler, 2010.

Rubboli, Massimo, »Roger Williams. Il puritano precursore della laicità radicale«, in: *MicroMega*, 3/2017, S. 162–176.

Rusconi, Gian Enrico, *Non abusare di Dio. Per un'etica laica*, Mailand: Rizzoli, 2007.

Said, Edward W., *Orientalismus* [1978], aus dem Englischen von Hans Günter Holl, Frankfurt am Main: S. Fischer, 2009.

Salih, Ruba, *Musulmane rivelate. Donne, islam, modernità*, Rom: Carocci, 2008.

Sansal, Boualem, *Allahs Narren. Wie der Islamismus die Welt erobert. Ein Essay zur Sache*, übersetzt von Regina Keil-Sagawe, Gifkendorf: Merlin, 2013.

Sciuto, Cinzia, *La Terra è rotonda. Kant, Kelsen e la prospettiva cosmopolitica*, Mailand: Mimesis, 2015.

Sciuto, Cinzia, »Manifesto per un femminismo laico e illuminista«, in: *MicroMega*, 3/2016, S. 107–118.

Sen, Amartya, *Ökonomie für den Menschen. Wege zu Gerechtigkeit und Solidarität in der Marktwirtschaft* [1999], aus dem Englischen von Christiana Goldmann, München: Hanser, 2000.

Sen, Amartya, »Chili and Liberty. The Uses and Abuses of Multiculturalism«, in *The New Republic*, 27. Februar 2006, www.cicero.de/weltb%C3%BChne/chili-and-liberty/37524 (23.5.2020).

Sen, Amartya, *Die Identitätsfalle. Warum es keinen Krieg der Kulturen gibt* [2006], aus dem Englischen von Friedrich Griese, München: C.H.Beck, 2007.

Sen, Amartya, *Die Idee der Gerechtigkeit*, aus dem Englischen von Christa Krüger, München: C.H.Beck, 2010.

Spadaro, Antonio, und Marcelo Figueroa, »Fondamentalismo evangelicale e integralismo cattolico. Un sorprendente ecumenismo«, in: *La Civiltà cattolica*, 3/2017, Heft 4010, S. 105–113, https://goo.gl/1yWEoB.

Stasi, Daniele, »La Polonia di Radio Maryja«, in: *MicroMega*, 8/2016, S. 108–118.

Tajfel, Henri, *Gruppenkonflikt und Vorurteil. Entstehung und Funktion sozialer Stereotypen* [1981], für die deutsche Ausgabe von Wolfgang Stroebe in Zusammenarbeit mit dem Autor gekürzt und aktualisiert, aus dem Englischen von Ursula Scherer, Bern, Stuttgart, Wien: Huber, 1982.

Taylor, Charles, *Das Unbehagen an der Moderne* [1991], aus dem Englischen von Joachim Schulte, Frankfurt am Main: Suhrkamp, 1995.

Taylor, Charles, »Die Politik der Anerkennung«, in: ders., *Multikulturalismus und die Politik der Anerkennung*, S. 13–78.

Taylor, Charles, *Multikulturalismus und die Politik der Anerkennung*, aus dem Amerikanischen von Reinhard Kaiser, Frankfurt am Main: S. Fischer, 1993.

Tonelli, Guido, *Genesis. Die Geschichte des Universums in sieben Tagen*, München: C.H.Beck, 2020.

United Nations, General Assembly, Human Rights Council, *Report of the Special Rapporteur in the field of cultural rights*, A/HRC/34/56 (16. Januar 2017), https://undocs.org/en/A/HRC/34/56.

Valdameri, Elena, »La tentazione dell'Hindutva. Estremismo indù e intolleranza in India«, in: *MicroMega*, 8/2016, S. 119–126.

Vanzan, Anna, *Le donne di Allah. Viaggio nei femminismi islamici*, Mailand: Bruno Mondadori, 2013.

Viano, Carlo Augusto, *Laici in ginocchio*, Rom, Bari: Laterza, 2006.

Whitaker, Brian, »Qatar's Christian Crusaders«, 1. September 2016, https://al-bab.com/blog/2016/08/qatar-christian-crusaders.

Ypi, Lea, *Global Justice and Avant-Garde Political Agency*, Oxford, New York: Oxford Univerity Press, 2012.

Zanaz Hamid, *L'impasse islamique. La religion contre la vie*, Saint-Georges-d'Oléron: Éditions libertaires, 2009.

Personenregister

Dank

Ein Buch ist in gewisser Hinsicht immer auch ein kollektives Werk, und es wäre unmöglich, die vielen Personen anzuführen, die zu diesem, bewusst oder unbewusst, direkt oder indirekt, beigetragen haben.

Einigen möchte ich jedoch besonderen Dank aussprechen: meinen Eltern dafür, dass sie immer da sind; Paolo Flores d'Arcais, der dieses Projekt von Anfang an unterstützt und mich ermutigt hat, es zu verwirklichen; Ingrid Colanicchia, die es mit Geduld ertragen hat, wenn ich Dampf ablassen musste, und mir geholfen hat, wieder klar zu sehen, wann immer ich drohte, mein Ziel aus den Augen zu verlieren; schließlich und vor allem meinem Mann Davide, ohne den ich vieles von dem, was ich in meinem Leben gemacht habe, nicht gemacht hätte, dieses Buch eingeschlossen.

Alessandro Fulciniti

Cinzia Sciuto, geboren 1981, hat in Philosophie an der Sapienza Università in Rom promoviert. Sie arbeitet als Journalistin und ist Redakteurin der italienischen Zeitschrift für Philosophie und Politik *MicroMega*, schreibt u.a. für die Wochenzeitung *L'Espresso* und kommentiert in europäischen und deutschen Medien, etwa in der *Tageszeitung* oder auf 3sat, die gegenwärtige Situation. In ihrem Blog animabella.it setzt sie sich mit Säkularismus, Frauenrechten, Demokratie und Fragen der Bioethik auseinander. In den aktuellen Demokratiediskussionen hat sie sich mit ihrem unabhängigen Denken einen Namen gemacht.
Sie lebt mit ihrer Familie in Frankfurt am Main.